AF473606

FERRET 1976

LA FEMME MARIÉE

PAR

F. VARAMBON

AVOCAT, DOCTEUR EN DROIT.

LYON

IMPRIMERIE D'AIMÉ VINGTRINIER

QUAI SAINT-ANTOINE, 35.

1859.

NATIONALITÉ

DE LA FEMME MARIÉE

NATIONALITÉ

DE

LA FEMME MARIÉE

PAR

F. VARAMBON

AVOCAT A LA COUR IMPÉRIALE DE LYON, DOCTEUR EN DROIT,
ANCIEN SECRÉTAIRE DE LA CONFÉRENCE DES AVOCATS DE PARIS
MEMBRE DE LA SOCIÉTÉ D'ÉDUCATION DE LYON, ETC.

La communauté de patrie entre époux est, sous tous les rapports, logique et désirable
(V. DEMOLOMBE, t. I, n° 168).

LYON
IMPRIMERIE D'AIMÉ VINGTRINIER,
QUAI SAINT-ANTOINE, 35

1859.

Nous ne livrons pas ce travail à la publicité: nous l'offrons à nos confrères.

Leur indulgence éclairée saura le compléter. Ils s'apercevront que la question spéciale que nous avons traitée se rapporte à des principes généraux, et que les raisons qui servent à la résoudre peuvent rendre compte d'une partie toute entière de notre législation. Suivant le conseil d'un de nos grands écrivains, ils mettront dans leur lecture mieux que ce qu'ils y trouveront, et leur esprit actif fera sur cet opuscule un livre meilleur que nous ne pourrions le faire.

Ces quelques pages doivent paraître prochainement dans la *Revue pratique de Droit français* : les nécessités de la rédaction les diviseront et nous avons voulu éviter cet inconvénient à des lecteurs qui pour nous sont privilégiés.

On ne trouvera pas ici de dévoloppement oratoire ; la question y prêtait ; mais nous sommes profondément convaincu que c'est nuire à la science du droit que de vouloir faire accepter ses enseignements par des phrases où l'on sacrifie l'exactitude de la pensée à la grâce factice d'un langage recherché.

Nous savons cependant qu'un professeur de l'ancienne Rome disait aux avocats de son temps : *Quamlibet enim sint ad docendum, quod volumus, accommodata, tamen erunt infirma, nisi majore quodam oratoris spiritu impleantur.* Ce travail n'aura donc quelque prix que si, par hasard, il peut être utile à nos confrères.

NATIONALITÉ

DE

LA FEMME MARIÉE

Quelle est, au point de vue de la nationalité, la portée de cette règle : la femme suivra la condition de son mari? (Art. 12 et 19 C. civ., arrêt de Douai du 3 août 1858).

SECTION PREMIÈRE

—

De la règle : la femme suit la condition de son mari. — Deux systèmes sur la portée de cette règle. — Position de la question. — Inconvénients de l'un des systèmes.

§ 1.

1. — Toutes les questions qui concernent les étrangers, ont pris de nos jours, par l'effet des circonstances, une importance considérable. Leur nombre s'en est augmenté en proportion de l'accroissement des rapports réciproques entre les nations, dit M. Fœlix (1), et nous sommes loin, dit M. Duvergier (2), de cette époque où l'on faisait des distinctions absolues entre les étrangers et les nationaux, où les lois et les institutions

(1) *V.* Traité de droit international privé, par M. Fœlix, annot par M. Demangeat, p. 2.

(2) *V.* Consultation insérée dans Sirey, 1832, 2, 641.

étaient conçues dans un esprit hostile aux autres peuples (1).

Aujourd'hui a disparu cet esprit de nationalité exclusif et étroit ; les citoyens des diverses nations, investis des droits différents qu'ils tiennent de leur loi personnelle et d'origine, se mêlent et s'unissent dans un concours universel. Les mœurs devancent les lois; et ce rapprochement incessant a fait naître des difficultés nouvelles qui s'adressent spécialement à la science proprement dite du droit, parce qu'elles touchent au droit naturel et au droit des gens (2).

2. — Ces difficultés se rapportent à divers ordres d'idées qu'il importe de distinguer. Il faut, en effet, d'abord pouvoir reconnaître quelle personne est française, quelle personne est étrangère ; là se place en première ligne la *question de nationalité*. Quand on sait que telle personne est étrangère, il faut se demander quels sont les droits des étrangers en France ; là se place la *question de la jouissance et de la privation des droits civils.*

(1) Adversus hostem æterna auctoritas esto, disait la loi des XII Tables. V. Demangeat, Hist. de la cond. civile des étrangers en France, les trois premiers chapitres.

(2) Lors des travaux préparatoires sur le titre de la jouissance des droits civils, le tribun Boissy d'Anglas disait que la discussion sur ce point tenait à l'un des objets les plus importants du droit des gens et de la politique.

Enfin, quand on a reconnu que tel droit existe au profit de cette personne, comme au profit d'un Français, s'élève la ***question de conflit de droit privé*** (1).

Toutes ces questions se lient et s'enchaînent pour ainsi dire dans leurs conséquences ; des principes différents président à leur solution, et elles s'unissent dans leur résultat, qui est de déterminer l'état juridique d'une personne.

Comme on l'a vu par l'énoncé de la question que nous nous proposons de traiter, il s'agit spécialement d'examiner ici une question de nationalité.

Quelle est donc la nationalité de la femme mariée? La loi nous répond : La femme suivra la condition de son mari. (Art. 12 et 19 C. C.)

3. — Cette règle découle immédiatement et nécessairement de l'idée du mariage qui contient l'idée d'indivisibilité (2) et du principe de la puissance maritale qui contient l'idée d'autorité. Et comme il est d'ordre public que l'indivisibilité du mariage soit maintenue aussi bien que la puissance maritale qui en est la garantie, nous voyons cette règle écrite à toutes les époques et dans toutes les législations.

(1) V. Demangeat sur Fœlix, p. 12 et 13.

(2) V. Leg. 1 ff de rit. nupt.

4. — A Rome où le pouvoir marital (*manus*) (1) pouvait être dissous, même durant le mariage, où le divorce était établi, nous trouvons déjà cette règle que la femme suit la condition de son mari (2), puisqu'elle partage ses honneurs (3) et

(1) La manus n'avait pas toujours lieu, alors la femme restait dans la famille de son père.

(2) On pourrait peut-être voir une trace de cette règle, dès les premiers siècles de Rome, dans un texte de Gaïus. Le § 77 C, 1 est ainsi conçu : Itaque si civis Romana peregrino..... patris filius est, tanquam si ex peregrina cum procreasset. On s'accorde sur l'interprétation à donner à ce texte. M. Pellat, à son cours, dit : « Ici on peut apercevoir le sens. Une citoyenne romaine épouse un pérégrin avec lequel, par une faveur spéciale, elle a le connubium, le fils est pérégrin dans ce cas, comme s'il était né d'une pérégrine. Le connubium, en effet, produit toujours ce résultat de faire suivre à l'enfant la condition de son père. » En nous fondant sur ces mots : tanquam si ex peregrina, ne pouvons-nous pas conclure que le connubium avait aussi pour effet de faire suivre à la femme la condition de son mari ? Si le jurisconsulte, en effet, n'avait pas eu cette idée, pourquoi aurait-il écrit ces mots : tanquam si ex peregrina, puisque lorsqu'il y a connubium, justes noces, la condition de l'enfant est seulement réglée par la condition du père (V. § 56, C 1, Gaïus). Ne pourrait-on pas d'ailleurs argumenter a contrario des dispositions de la loi Mensia. On pourrait cependant expliquer le tanquam si ex peregrina en ce sens que, précisément, la femme a gardé sa qualité première, puisqu'on a recours à une fiction, et l'on pourrait argumenter du § 29 de Gaïus C. 1 ; ces mots : si et ipsa ejusdem conditionis sit, ont bien l'air de prouver que la femme gardait sa condition nonobstant le mariage. Mais on peut répondre que, dans le § 29, il s'agit d'époux n'ayant pas le connubium, comme dans les §§ 67, 68, 69 et 70 C. 1.

(3) Coruscant uxores radiis maritorum. Crescente dignitate mariti constante matrimonio, crescere etiam dignitatem uxoris.

ses dignités (1), comme cela résulte des lois 1, § 1 et 8 ff. de Senatoribus (2).

5. — Dans notre ancien droit, il en était de même. La femme suivait la condition de son mari. « Il faut remarquer, dit Ferrière (3), que le ma-« riage établit parmi nous, entre le mari et la « femme, une union qui fait que, ***pendant qu'elle* « *dure***, la femme participe à tous les honneurs « du mari et qu'elle suit ***et sa condition et son* « *domicile*** (4). » Lorsqu'une femme roturière

V. Brunnemann, ad leg. 28 C. de nuptiis nos 1 et 5. Communicantur dignitates etiam uxoribus, hæ enim durante matrimonio mariti dignitate nobilitantur, ejusque forum, et domicilium sequuntur.— Forum. Excepté, comme nous l'apprend Brunnemann, quand le mari acquiert une dignité qu'il ne tient pas de sa naissance. *V.* Ad leg. 1 C. de dignit. (p. 1048). — *V.* Leg. 10 C. de Re Militari.

(1) Nous ne parlons pas de la nationalité, car le jus connubii, comme on sait, n'existait qu'entre les citoyens romains (*V.* Ulp. reg. t. *V.* § 4. *V.* cependant suprà, no 4, à la note 2).

(2) Quand la femme épousait un homme d'une condition inférieure, la question, au dire de Brunnemann, était controversée de savoir si elle suivait la condition de son mari. *V.* Brun. in Cod. ad leg. 10 C. de nupt. no 5 et 6. Cependant le doute ne nous paraît pas possible en présence de la loi 1 C. de dignit. Et Brunnemann lui-même qui se prononce pour la négative (loc. cit.), décide implicitement le contraire. In Cod. ad tit. de dignit. no 10 et 11.

(3) En ses Institutes.

(4) Voici la règle de Loysel : Comme femme franche est anoblie par son mari, mesmes pendant son veufvage : aussi femme noble est faite roturière par son mari. La règle ne paraît pas avoir été la même pour ce qui regarde la distinction des personnes en franches

épousait un homme noble, elle était réputée et tenue pour noble tant que durait le mariage et tout autant qu'elle demeurait en viduité. Si une femme noble se mariait à un roturier, il était certain que, tant que le mariage durait, elle était tenue pour roturière (1); mais si elle devenait veuve, elle reprenait sa première noblesse en s'abstenant d'actes roturiers (2).

6. — C'est ainsi que, dans notre droit actuel, cette même idée a trouvé place dans les art. 12 et 19.

et serves. Par la loi salique, dit Laurières, t. xiv, art. 7 et 11, si une personne franche épousait une personne de condition servile, celle des deux qui était franche devenait serve. Mais on peut ne pas tenir compte de cette ancienne barbarie disparue aux premières lueurs de la civilisation.

(1) Ces règles ne se sont appliquées généralement qu'assez tard; ainsi l'on sait que dans certaines coutumes la noblesse se transmettait par la mère. On était gentilhomme de par sa mère. Nous trouvons dans la coutume de Champagne et de Brie citée par Merlin : Ceux-là sont tenus nobles qui sont issus de père ou mère noble; il suffit que le père ou la mère soit noble, quand il se rencontre que l'un des deux est non noble et de serve condition. Ce qui montre bien que dans cette coutume on n'appliquait pas la règle : la femme suit la condition de son mari. Mais ceci ne dura que jusqu'à Charles V.

(2) *V*. Coquille, en ses Inst. p. 86 et sur les coutumes de Nivernois, p. 372. *V*. Leg. 15 C. de dignit. *V*. cependant Cochin. p. 317, t. 1.

§ 2.

7. — Examinons maintenant à quelles hypothèses se réfère cette règle : la femme suivra la condition de son mari ; ce qui revient à se demander quelle en est l'étendue et la portée.

En nous plaçant au point de vue de la nationalité (point de vue qui est celui de la loi), l'énoncé de ce principe montre qu'il peut être question du cas où un Français épouse une étrangère, ou du cas où réciproquement un étranger est marié à une Française. Pour ces deux cas (art. 12 et 19) la règle est la même ; mais en y réfléchissant davantage, on arrive à se demander : si cette règle s'applique d'une manière continue pendant tout le mariage, ou si, au contraire, une fois appliquée au moment du mariage, elle cesse d'avoir effet ultérieurement.

De sorte qu'il faut distinguer deux hypothèses :

1° Le mari français ou étranger reste *toujours* (c'est-à-dire pendant tout le mariage) français ou étranger.

2° Le mari, français au moment du mariage, devient étranger pendant le mariage, ou réciproquement le mari étranger au moment du mariage devient français pendant le mariage.

8. — Pour la première hypothèse, il n'y a pas de difficulté (1). Les art. 12 et 19 répondent à la question et établissent cette double règle (2) : L'étrangère qui aura épousé un Français suivra la condition de son mari. Une femme française qui épousera un étranger suivra la condition de son mari.

9. — Dans la seconde hypothèse, il s'agit de savoir si la femme aura toujours et nécessairement, qu'elle le veuille ou qu'elle ne le veuille pas, pendant tout le cours du mariage, la même nationalité que son mari. En d'autres termes, faut-il entendre la règle : la femme suit la condition de son mari en ce sens que la femme suit, non-seulement la condition qu'a son mari au moment du mariage, mais encore toutes celles qu'il lui plaira de prendre dans l'avenir ?

Faut-il, au contraire, l'entendre en ce sens seulement que la femme n'accepte que la condition dont est investi son mari au moment où elle s'unit à lui ?

(1) M. Gary, lors de la discussion, dit à propos de l'art. 12. Cela est sans difficulté, ce qui donnerait à penser que les législateurs de cette époque n'avaient en vue que la première hypothèse.

(2) *V.* La raison de cette règle dans un article remarquable d'un de nos savants professeurs. (Revue française et étrangère, t. 1, p. 401, à la note 2). M. Colmet-Daage, dans cet article, examine aussi la portée de cette double règle ; mais à un autre point de vue.

10.—Presque tous les auteurs, Malleville, Locré, Delvincourt, Duranton, Legat, Coindelisle, Marcadé, Dalloz, Valette, Mourlon, Toullier, Richelot, Demolombe, Demante, Colmet-Daage, Demangeat décident la question dans ce dernier sens (1).

Et les arrêts (2) paraissent confirmer cette opinion.

Ce système, soutenu par des forces si imposantes, n'a cependant pas pu nous satisfaire, et si nous n'avions pas eu quelques autorités pour

(1) V. Maleville, p. 36.
Locré, Esprit du C. civ., t. 1, p. 167.
Delvincourt, t. 1, p. 188.
Duranton, t. 1, n° 189.
Legat, Code des Etrangers, p. 54, 402.
Coindelisle, p. 64, n° 2.
Marcadé, t. 1, p. 193.
Cubain, Droits des Femmes, n° 2 et 681.
Dalloz, Droits civ. sect. 2, art. 2, n° 13.
Valette sur Proudhon, t. 1, p. 126.
Mourlon, Répét, écrit., t. 1, p. 97 et 105.
Toullier, t. 1, n° 268, note A.
Demolombe, 1, n° 104, n° 175.
Demangeat sur Fœlix, t. 1, p. 93, note A.
Demante, Cours analyt., t. 1, n° 36 bis.
Calaret-Damge, Revue franç., t. 1, p. 401.
Aubry et Rau, Zach., t. 1, § 74, note 21.

(2) Arrêt de Paris du 21 juillet 1818.
Arrêt de Paris du 7 août 1840.
Arrêt de rejet du 16 décembre 1845.
Arrêt de Douai du 3 août 1858.

le combattre, nous aurions modestement essayé de le comprendre sans le critiquer ; mais quand nous avons reconnu que Proudhon (1), Massé (2), Mailher de Chassat (3), Zachariæ (4) et Fœlix (5) surtout le rejetaient, ainsi que quelques arrêts (6), nous nous sommes enhardi et nous avons osé proposer nos doutes et nos objections.

§ 3.

11. — Ce qui tout d'abord nous a frappé dans le système que nous combattons, c'est la conséquence à laquelle il arrive : Une femme française ou étrangère épouse un étranger ; elle reste ou devient étrangère ; son mari postérieurement devient Français, elle demeure étrangère ! Une

(1) *V.* T. I, 452.

(2) D. comm. dans ses rapports avec le D des gens et le D. civil, t. II, nº 48.

(3) Traité des Statuts, nº 193, p. 260.

Junge, M. Alauzet : De la qualité de Français et de la naturalisation.

(4) § 166, note 7.

(5) *V.* Traité de D. intern., t. I, p. 93.

V. Revue étrangère, t. X, p. 446.

(6) *V.* Arrêt de rejet du 14 avril 1818.

Arrêt de Metz du 25 août 1825.

Arrêt de Paris du 24 août 1844.

femme étrangère ou française épouse un Français, elle reste ou devient Française; postérieurement son mari devient étranger, elle demeure Française! De sorte que, dans la même maison, au même foyer, dans l'union la plus intime qui puisse exister, apparaît, pour ainsi dire, une rivalité de nation à nation : des intérêts opposés entre personnes unies, des affections différentes pour des patries diverses, des vœux ennemis pour des pays peut-être en guerre, et cela entre personnes qui ont juré de s'aimer, entre lesquelles tout est commun (1) et qui ne doivent jamais se quitter (2)! Les personnes qui se marient, disait Pothier (3), contractent par le mariage, réciproquement l'une envers l'autre, l'obligation de vivre ensemble *dans une union perpétuelle et inviolable*. M. Boulay,

(1) On connaît ces paroles de Columelle : Nihil conspiciebatur in domo dividuum, nihil quod aut maritus aut fœmina proprium esse juris diceret.

(2) On nous a répondu que ce n'était pas plus étonnant, plus incompréhensible et plus défavorable que de voir deux religions dans le même ménage ; ainsi il arrive souvent qu'un protestant, par exemple, épouse une catholique. — Cette objection ne nous paraît avoir aucune portée, ni en droit, ni en raison, car heureusement pour notre pays, la démarcation entre l'Eglise et l'Etat est parfaitement établie en principe, et il est inutile de démontrer que le droit ne s'occupe pas des consciences.

(3) *V.* Contrat de mariage, t. 2, p. 379 (M. Michelet, dans son dernier ouvrage, dit d'une manière pittoresque, p. 67, que l'homme est la patrie de sa femme).

lors de la discussion (1), en faisant allusion aux paroles de l'Ecriture (2), disait : Le mariage est *une institution qui de deux êtres n'en fait qu'un* (3).

Comment donc comprendre la différence de nationalité qui est en général un obstacle à la réunion des individus avec l'état du mariage (4) : Cette *Conjunctio individuam vitæ consuetudinem continens*, comme disent les Institutes (5).

(1) Séance du 11 frimaire an x.

(2) Et erunt duo in carne una. Gen. 2, 24. (*V.* ce que dit Montesquieu du mariage comme sacrement, Lettres pers. cxvii, in fine). Il est à croire que ces paroles de l'Ecriture, répétées par saint Paul dans son épître aux Ephésiens, chap. v, v. 31, n'ont pas trait au mariage considéré comme sacrement ; elles avaient, au moins dans la pensée de saint Paul, une portée beaucoup plus matérialiste ; car nous lisons dans sa première aux Corinthiens, ch. vi, v. 16 : An nescitis quoniam qui adhæret meretrici unum corpus efficitur, erunt enim duo in carne una. — Il est certain que la pensée de M. Boulay contient un sens plus élevé.

(3) Aristoteles, ex sententia Pythagoræ, amicum definit esse cuique alterum ipsum, sed Deus conjugem definit esse cuique eumdem ipsum, dit un docteur du moyen âge (Beustius de mat. tract. conn., t. ii).

(4) On sait que Modestin définit le mariage : Conjunctio maris et fœminæ, consortium omnis vitæ ; divini et humani juris communicatio, in Leg. 1 ff. de rit. nupt. — Mulier, disaient les docteurs du moyen âge, non ex capite, nec ex pede, sed ex costa Adæ, ita ut nec sit famula, nec domina, sed collateralis, medium quoddam et quasi socia mariti. *V.* Première aux Corinthiens, saint Paul, chap. xi, v. 8 et 9.

(5) On traduit quelquefois individuam par indissoluble, ce qui est inexact, car le divorce était admis à Rome. Montesquieu tra-

Que devient donc l'intimité, l'indivisibilité (1) du mariage, si la femme peut ainsi se séparer de nationalité (si l'on peut ainsi parler) de son mari (2)?

Que devient la puissance maritale (3) si la femme peut dire à son mari : Vous avez votre loi et moi la mienne? Que deviennent le droit de protection du mari et le devoir d'obéissance de la femme?

Comme l'a fait remarquer M. Paul Fabre à la Cour de cassation, on arrive à des conséquences inadmissibles et immorales. Que le mari français, en effet, se fasse naturaliser suisse, qu'il obtienne son divorce en Suisse et qu'il s'y remarie, si la

duit : L'union de l'homme et de la femme, qui forme une société de vie individuelle (*V.* Défense de l'Esprit des Lois). On traduit généralement par indivisible (Ducauroy, Ortolan, Etienne). Indivisible, dit M. Etienne en ses Instit., signifie que la femme, dans les justes noces, participe à la dignité et aux honneurs de son mari, et il cite Cic. de Off. I, 17. Tit. Liv. I, 9, 14. Tacit. Hist. III, 34. Plutar., Brutus, 13. Il vaudrait mieux traduire, ce nous semble, avec M. Pellat, par intime, qui exprime mieux l'idée que l'on donne au mot indivisible. Intime est un superlatif qui signifie proprement le plus en dedans, ce qu'il y a de plus intérieur, ce qui est complètement inhérent. Le mot indivisible a quelque chose de plus métaphysique, de plus abstrait, qui s'accorde moins bien avec l'idée de consuetudinem vitæ.

(1) V. hic n° 3.

(2) La femme, dit Fœlix, ne peut pas, en droit, être séparée du mari sous le rapport de la nationalité.

(3) V. hic n° 3.

première femme reste française, il se trouvera que, de ce côté de la frontière, il y aura une femme légitime qui ne pourra rejoindre son mari sans commettre un adultère aux yeux de la loi du pays de son mari, de l'autre côté de la frontière il y aura une femme légitime qui ne pourra se réunir en France à son mari sans commettre un adultère aux yeux de notre loi. En passant d'un pays dans l'autre, le mari aurait une femme ou l'autre, chaque femme serait ou légitime ou concubine, les enfants seraient ou légitimes ou adultérins (1) !

Que devient enfin l'ordre public (2) si l'ordre particulier de la famille, qui en est la base, n'est pas assuré ?

12. — Que si, à côté ces considérations, on place ce principe que chacun est régi quant à son état et sa capacité par sa loi personnelle, on comprendra encore moins la doctrine de la majorité des auteurs. Deux lois dans le même ménage ! Deux lois qui peuvent être contradictoires, opposées et régissant deux êtres qui se confondent par l'effet du lien qui les unit en un seul être (3).

(1) On pourra nous dire qu'alors nous favorisons le divorce. V. infrà n° 93 et 95.

(2) V. hic n° 3.

V. infrà les paroles de M. Paul Fabre, n° 47.

(3) V. pour les questions que fait naître ce conflit, Fœlix, t. x, Revue étrangère, p. 457 et 458.

M. Demangeat a parfaitement compris cette objection : « La doctrine de M. Fœlix, dit-il, « d'après laquelle la femme aurait toujours et « *nécessairement* la même nationalité que le « mari paraît présenter cet avantage qu'elle pré- « viendrait des difficultés sérieuses, des conflits « embarrassants entre les lois personnelles des « deux époux. »

Cependant le savant professeur, s'appuyant sur l'autorité de MM. Delvincourt, Duranton, Demante et Valette, persiste dans l'opinion contraire, il fait remarquer : « que les difficultés résultant du « conflit entre la loi du mari et la loi de la femme « ne se présentent pas nécessairement ; en effet, « si le mari ne peut pas faire perdre à la femme « sa nationalité, il peut au contraire lui faire « perdre son domicile. Donc si l'on admet avec « nous que la loi personnelle dépend du domicile « et non de la nationalité, il en résultera que les « époux, bien que n'étant plus les membres d'une « même nation, seront soumis à une même loi « personnelle. »

13. — On pourrait tout d'abord combattre cette assertion : la loi personnelle dépend du domicile et non de la nationalité (1), et alors reste-

(1) Ainsi cette règle ne paraît pas avoir été suivie à Rome. V. en effet M. de Savigny, t. VIII, p. 357, cité par M. Demangeat.

rait notre objection ; mais on peut aussi sans discuter cette question préalable, répondre par d'autres considérations.

14. — Nous sommes en effet d'avis que la loi personnelle dépend du domicile.

Supposons donc qu'il s'agisse d'un Prussien, par exemple, qui a épousé une Française, et qui, pendant le mariage, se fait naturaliser Français. La femme, qui est Prussienne malgré la naturalisation de son mari (dans le système de nos adversaires), a accompagné son mari en France et y réside avec lui (1), sans avoir fait, bien entendu, aucun autre acte qui prouve ou duquel on puisse induire qu'elle a renoncé à sa qualité antérieure.

Pour appliquer à cette femme sa loi personnelle (qui dépend de son domicile), la première chose à rechercher est évidemment de savoir où est son domicile (2). Et ici, la doctrine qui refuse dans ce cas à la femme la nationalité de son mari, nous amène logiquement à demander : s'il faut, dans notre hypothèse, appliquer l'art. 13 C. c. sans

(1) Nous supposons qu'il a son domicile en France.

(2) Nous laissons de côté la théorie exposée par M. Legentil qui soutient que la femme mariée non séparée de corps peut avoir un autre domicile que celui de son mari. Elle sera examinée quand nous parlerons des arrêts D'ailleurs, dans cette opinion inadmissible (V. art. 108. Leg. 38, § 3 ff ad municipal), notre objection reste tout entière.

tenir compte de l'art. 108 C. c., ou si, au contraire, l'art. 108 suffit (1)? en d'autres termes, si la femme (2), pour acquérir un domicile (légal) en France, a besoin de demander et d'obtenir l'autorisation du Gouvernement, ou si, au contraire, l'art. 108 l'en dispense (3)?

15. — De sorte qu'une première distinction est nécessaire : ou l'on admet l'application pure et simple de l'article 108 et alors il est évident que la femme a son domicile légal en France. C'est ce qu'admet M. Demangeat avec raison. Ou il faut appliquer l'article 13 et alors il convient de faire une sous-distinction, car la femme peut avoir demandé et obtenu l'autorisation du gouvernement et alors elle a évidemment son domicile en France, ou elle n'a ni demandé, ni obtenu cette autorisation, et alors suivant l'opinion généralement admise elle n'a en France qu'un domicile de fait.

16. — Quoi qu'il en soit voici notre argument : de deux choses l'une : ou on admet que la femme

(1) Cette question que l'on est obligé de prévoir nous paraît contenir la condamnation même du système des adversaires, car, à vrai dire, il n'y a pas de question. V. Demante, p. 83, n° 28 bis, III.

(2) Étrangère.

(3) V. Demolombe, t. I, p. 332.

a en France son domicile légal et alors la loi qui la régit est la loi française ; ou la femme n'a en France qu'un domicile de fait, et alors, suivant l'opinion reçue (1), son état et sa capacité restent soumis à loi prussienne.

Dans ce dernier cas, notre objection reste tout entière ; il y a conflit entre les deux lois personnelles des époux.

Dans le premier cas, nous arrivons à ce résultat : nous nous trouvons en présence d'une femme qui est Prussienne et qui, pour tout ce qui regarde son état, sa capacité, son statut personnel, est régie par la loi française ! Alors nous demanderons quelle différence il y a entre cette femme prussienne et une femme française ? (2) Notre question n'est donc plus qu'une question de mots, puérile et sans utilité ? Au fond tout le monde est d'accord ; on reconnaît que cette femme sera complètement soumise à la loi française, seulement on l'appelle Prussienne, quand nous, nous l'appelons Française ; or, à quoi lui sert sa qualité de Prussienne ? à quoi lui sert une natio-

(1) V. Fœlix, p. 295, la note de M. Demangeat.

(2) Nos adversaires eux-mêmes reconnaissent qu'il n'y en a aucune. Le domicile doit l'emporter, disent-ils, sur la nationalité. (V. Fœlix, p. 57). En effet, la pensée des rédacteurs paraît bien avoir été qu'au point de vue du droit privé aucune différence ne doit subsister entre le Français et l'étranger admis à établir son domicile en France.

nalité qui ne consiste que dans un mot vide d'effets et de résultats ? Puisqu'au fond on reconnaît que cette femme est Française pourquoi ne pas le dire?

En somme, comme on le voit, les considérations qui sont présentées pour atténuer l'effet de la doctrine qu'on nous oppose, amènent ce résultat que loin de combattre notre système, elles le confirment.

SECTION DEUXIÈME

Nationalité et domicile, principe de la nationalité. — La nationalité n'a pas sa cause dans le consentement. — Fausse idée de Merlin. — Conséquences. — La nationalité est essentiellement transmissible. Quid pour la femme? Quid pour les enfants? Distinction. — Loi du 7 février 1851.

§. 1.

17. — Après avoir ainsi conservé à notre question toute son utilité pratique, et avant d'arriver à l'examen des divers arguments que l'on nous oppose, il convient peut-être d'arrêter notre attention sur l'idée même de *nationalité*.

18. — L'homme considéré comme personne juridique, comme être capable de droit, ne peut pas déterminer l'étendue de sa capacité *a priori* et d'une manière absolue, il faut qu'il tienne compte des circonstances extérieures, et parmi ces circonstances, les rapports qu'il a avec les

autres êtres, fixent la limite même de son droit et l'étendue de ses obligations.

19. — L'état de la personne se détermine en effet par l'étude des diverses relations dans lesquelles elle se meut; c'est ainsi que nous sommes en rapport avec les choses (propriété, possession, usufruit, usage, etc.), avec les personnes pour arriver aux choses (droits personnels, droits de créance), avec les personnes pour régler nos relations de puissance, de protection, de dépendance (Droits de famille, incapable, mineur, interdit, etc.) avec les gouvernants (Droit public et administratif) avec tous les hommes (Droit naturel).

20. — En faisant abstraction de ce dernier rapport il reste encore à savoir comment nous pourrons faire valoir tous ces droits et accomplir toutes les obligations qui en découlent, et comme ces droits sont réglés diversement suivant les différents pays il faut connaître d'après quelle législation nous en sommes investis, ce qui fait que la personne se trouve nécessairement en rapport avec des lieux, soit pour assurer l'exercice de ses droits et l'accomplissement de ses devoirs par sa présence toujours présumée (domicile, d'origine, élu, civil, politique); soit pour déterminer d'après quelle législation elle est investie de ces droits et

soumise à ces obligations (nationalité d'origine ou acquise) (1).

21. — La nationalité, comme le domicile (2), consiste donc dans une relation légale qui existe entre une personne et un lieu (3). De sorte que l'on peut dire, jusqu'à un certain point, au point de vue théorique, qu'il n'y a pas de différence essentielle entre le domicile et la nationalité (4),

(1) On voit que théoriquement le domicile et la nationalité se trouvent unis en quelque sorte par un lien nécessaire ; nous ferons remarquer seulement, d'après l'idée que nous prenons ici du domicile, que le domicile étant au lieu où l'on exerce ses droits et où l'on accomplit ses obligations, l'établissement du domicile dans le territoire d'une autre souveraineté doit être une des conditions principales du changement de nationalité. V. art 9, C. c., art. 10, art. 13, 17, 19.

(2) La nationalité (de *nasci* naître) qui investit la personne de la qualité générale qui constitue son état désigne un fait résultant de la condition de la naissance, fait général. Le domicile (de *domus* maison) désigne un fait plus spécial qui suppose la *perpetua mora* un établissement, conditions plus strictes.

(3) Il vaudrait mieux dire : et un ensemble de personnes formant une nation ; mais comme le caractère essentiel d'une nation consiste dans l'indépendance de son territoire, on peut d'une manière générale prendre le territoire même, le lieu, pour la nation elle-même.

(4) Ainsi, dans l'ancienne France, où au point de vue du droit, il y avait tant de nations dans la nation, le domicile n'était, à vrai dire, qu'une nationalité puisqu'il emportait changement de législation ; et à propos de cette remarque on comprendra l'importance des paroles de M. Ferrière que nous avons rapportées hic n° 5 : La femme suit la condition et le *domicile* de son mari.

ce qui se comprend par ce que nous venons de dire : car le domicile et la nationalité sont cumulativement nécessaires pour établir notre état juridique (1).

§ 2.

22. — Il s'agit maintenant de rechercher, pour la question qui nous occupe, quel est le principe de cette relation légale que nous appelons nationalité et qui constitue une qualité de la personne.

Nous pensons que la solution de notre question (2) dépend nécessairement de cette recherche. Il faut donc procéder avec ordre.

(1) Le domicile est pour ainsi dire un moyen ingénieux d'exercer les droits que l'on tient de sa nationalité. Nous ne nous arrêterons pas davantage sur cette comparaison entre le domicile et la nationalité. Ce que nous avons dit suffira pour expliquer pourquoi tous les auteurs qui ont traité notre question mêlent naturellement les idées de domicile avec celles de nationalité dans les arguments qu'ils présentent, et pourquoi nous aussi nous avons eu à parler du domicile. V. infra

(2) Et de beaucoup d'autres qui sont controversées, v. hic passim. Nous pensons que la théorie que nous présentons ici peut servir à la solution de ces différentes questions : Peut-on n'avoir aucune nationalité ? Peut-on en avoir plusieurs ? Quelle est la nationalité de l'enfant né en France de parents inconnus ? Quid en

23. — Quand on s'occupe de la nationalité, il faut, ce nous semble, distinguer soigneusement deux choses (1): quel en est le principe, la cause (idée abstraite) et quels sont les moyens, en rapport avec cette cause, qui servent à la déterminer (2). En d'autres termes, quand on sait *pour-*

cas d'adoption d'un Français par un étranger ou réciproquement? L'autorisation accordée à un étranger d'établir son domicile en France, peut-elle être retirée? Quel sera l'effet de cette autorisation à l'égard de la femme et des enfants majeurs ou mineurs de l'étranger, conçus ou nés, soit avant, soit depuis sa résidence en France? Il y a encore beaucoup d'autres difficultés sur la nationalité, le domicile, la naturalisation que l'on pourrait résoudre au moyen de la même théorie. (V. hic nº 102, à la note) on comprend qu'il est en dehors de notre sujet de les traiter toutes, nous avons essayé surtout d'établir et de développer les principes. (V. encore hic, nº 78, 2e note).

(1) Cette distinction est capitale dans cette matière, cependant aucun des auteurs qui s'en sont occupés ne l'ont faite. M. Alauzet qui a écrit un résumé intitulé: De la qualité de Français et de la naturalisation, paraît l'avoir entrevue; mais il ne l'indique pas d'une manière assez précise. V. nº 20 et comp., nos 11, 16 et passim.

(2) Il faut en effet distinguer, philosophiquement parlant, le *principe* et les *éléments*. Principium de *præ* avant, ce qui précède, ce qui donne l'être. Élément *alimentum*, ce qui constitue, ce qui compose, ce qui donne un corps à l'être; ainsi la nationalité a pour principe la souveraineté, et pour éléments ou la filiation, ou la naissance, ou différents autres faits suivant les cas. Principe correspond à l'idée de production, éléments à l'idée d'existence. Il ne faudrait pas croire que la distinction que nous indiquons ici est tout à fait imaginaire, fantastique et sans utilité. Ainsi l'on peut voir dans le tome IX de la Revue de la Jurisprudence, un article sur la nationalité d'origine, dans lequel l'auteur n'a pa·

quoi on a une nationalité, il faut savoir *comment* on possède, on acquiert, on perd, on change cette qualité.

24. — La nationalité pouvant être perdue ou changée est donc de deux sortes : 1° nationalité d'origine ; 2° nationalité acquise.

Il est logique de s'occuper d'abord de la nationalité d'origine.

25 — Quel est donc le principe de la nationalité d'origine ? Nous répondons qu'elle a pour principe et raison d'être *la souveraineté*, qui est elle-même un résultat de l'état social.

26. — L'état social est une loi de l'humanité (1). Ce qui signifie, en d'autres termes, que la relation entre l'individu et l'être collectif, la société, est un fait nécessaire, qui s'explique par

fait cette distinction, il confond les éléments de la nationalité avec son principe, il assigne, pour principe à la nationalité, la naissance sur le sol ou la filiation, de sorte qu'il ne peut s'expliquer certaines règles de la législation positive et qu'il est contraint, en les critiquant et niant pour ainsi dire le progrès, de représenter l'humanité tournant dans un cercle. V. d'ailleurs, pour un intérêt plus pratique, la remarque faite hic, n° 78, 2e note et passim. V. aussi hic, n° 22, à la note.

(1) Cette proposition universellement admise aujourd'hui n'a pas besoin d'être démontrée.

notre nature même et non par l'effet de la force ou du consentement.

27. — De cette nécessité ou loi découle la souveraineté. Les sociétés en effet, qui forment des nations, ne s'établissent qu'entre les individus qui, par la nature des lieux, se trouvent assez rapprochés pour éprouver ensemble les mêmes besoins, et qui peuvent aussi se réunir aisément, pour se prêter des secours mutuels (1); or, les volontés des hommes qui ont les mêmes besoins, les mêmes tendances, les mêmes intérêts généraux, qui forment les mêmes vœux, se résument nécessairement en une seule volonté qui est la volonté générale, la résultante des volontés particulières ; volonté générale, qui est un phénomène parfaitement distinct et d'une toute autre nature que celui que présentent les volontés individuelles (2). Cette

(1) On ne pourrait pas supposer une société dans laquelle tout rapport viendrait à cesser entre les individus, où chacun pourvoirait à ses besoins dans un isolement absolu ; la résultante des volontés particulières n'aurait alors ni force, ni réalité, par conséquent il n'y aurait pas d'être collectif, donc pas de nation et par suite pas de société.

(2) Ce qui prouve par cela même que cette volonté générale est la manifestation d'un être parfaitement réel et positif qui est l'être collectif, la nation, la société, être distinct des êtres particuliers, sans leur être antinomique. — On comprend qu'il serait hors de notre sujet de prouver toutes ces assertions que l'on trouvera peut-être obscures.

volonté générale est proprement ce qu'on appelle la *souveraineté*.

28. — Or, nous disons que cette qualité, qu'on appelle nationalité, n'est autre chose que le résultat du rapport entre l'individu et l'être collectif nation, et comme il n'y a de nation, que parce qu'il y a une volonté générale qui est la souveraineté, il en résulte que la nationalité, qui est le résultat du rapport entre l'individu et cette volonté générale, a évidemment son principe dans la souveraineté elle-même (1), et dès-lors on comprend que chaque

(1) S'il n'y a pas de souveraineté il n'y a point de nation, et s'il n'y a point de nation, il ne peut pas y avoir de nationalité ; donc il est bien vrai de dire que la cause première, la base, le principe de la nationalité est dans la souveraineté.

Nous rejetons bien loin de nous le reproche que l'on pourrait nous faire à propos de cette théorie. Il y a en effet certains auteurs qui regardent ce rapprochement de la souveraineté et de la nationalité comme une idée féodale. (V. l'article de M. Beudant, v. hic n° 36). Cette confusion, dit-on, se comprenait au moyen âge, à une époque où la terre enchainait tout à sa condition d'immobilité. Nous ferons d'abord remarquer que nous n'entendons pas le mot souveraineté dans le même sens et c'est pourquoi nous avons cru devoir le définir. Il n'y a aucune analogie entre l'idée de la souveraineté féodale et l'idée de la souveraineté telle qu'elle nous a été donnée par la Révolution, et telle que nous l'avons définie. — Cette remarque fait voir aussi que nous sommes loin d'admettre que tous nos droits, soit publics, soit privés, ne sont autre chose que des concessions bénévoles du prince, concessions que celui-ci, suivant son caprice ou son intérêt personnel, ou l'intérêt d'une classe privilégiée par lui, est toujours

nation, par l'effet de cette souveraineté qui lui est inhérente, est maîtresse de déterminer quelles sont les circonstances conformes à son intérêt (par opposition à celui des autres nations) auxquelles elle reconnaîtra la puissance d'établir ce lien, cette qualité qui la rattache à l'individu; c'est elle par conséquent qui déclarera et établira quelles seront les conditions constitutives de la nationalité. Et c'est pourquoi nous formulons toutes ces idées en disant que la nationalité a son principe dans la souveraineté (1).

29. — Ainsi donc l'enfant qui vient au monde au sein d'une nation, par son état de faiblesse, par les secours dont il a besoin, par sa filiation

libre de faire plus ou moins complète indépendamment de toute idée de justice. (V. Demangeat, Hist. Cod. civ. etc., p. 249). Il ne faut pas en effet confondre le prince et la souveraineté. On nous dit qu'aujourd'hui, où les habitants des cinq parties du monde sont en relations continuelles, il faut, pour fonder la nationalité, que son *élément déterminant*. (V. supra, n° 23, note), se rattache à quelque chose de plus personnel que la terre foulée en commun par tous. Nous sommes parfaitement de cet avis; seulement ceci n'empêche pas que le *principe* de la nationalité ne soit dans la souveraineté; c'est précisément au législateur de combiner à quelle idée il convient de rattacher l'élément déterminant de la nationalité.

(1) Cela est si vrai que l'on voit des individus qui, par une sorte de *conflit de souveraineté*, ont deux nationalités; ainsi l'enfant né de parents français en Angleterre est Anglais et Français.

ou origine, par l'affection que l'homme porte naturellement au pays où il est né, se trouve nécessairement placé dans cette série de rapports qui constituent, comme nous l'avons montré, la société ; qu'il le veuille ou qu'il ne le veuille pas, qu'il ait une volonté ou qu'il n'en ait pas, que vous la présumiez ou que vous ne la présumiez pas, la force même des choses, l'état social, qui est inhérent à sa nature, fait qu'il est partie de la société. Il s'agit de savoir de quelle société, c'est-à-dire quelle est sa nation. Or, ici la souveraineté du pays dans lequel il est né, en vertu d'un droit inaliénable qu'elle ne peut pas abdiquer, sous peine d'être anéantie, appréciera et tiendra compte par sa législation, des faits et circonstances qui doivent amener son incorporation dans la nation, ou son exclusion. Et alors, la loi, qui n'est que la voix de la souveraineté, viendra proclamer, par exemple, que les faits et circonstances antérieurs ou concommittants à la naissance de cet enfant, exigent l'adoption de l'enfant par l'être collectif (1) ; elle viendra lui donner une protection spéciale en lui garantissant des droits (2), en d'autres termes, en en faisant une personne, c'est-

(1) V. en effet art. 108 et art. 10.

(2) Même avant qu'il soit né, v. Leg. 1, pr. ff. de vent. in poss. mitt. comme disait Cicéron, l'enfant est déjà *designatus reipublicæ civis*.

à-dire un être qui a nécessairement un domicile et une nationalité, comme nous l'avons démontré plus haut (1).

30. — Quelles sont maintenant les circonstances constitutives, reconnues nécessaires par la souveraineté, pour imprimer le caractère de nationalité (2)?

Lors de la confection du Code civil, comme on le sait, on était en présence de deux théories sur ce point ; l'une avait pour base le principe territorial, qui ne considère que la naissance dans le territoire, comme fait attributif de nationalité; l'autre avait pour base le principe personnel, qui ne regarde, comme fait attributif de nationalité, que la filiation ou l'origine de la personne.

Le Code civil, en opérant la fusion de ces deux principes, a fait la plus large part au principe personnel (3).

(1) V. hic n° 18 à 22.

(2) C'est comme on le voit le 2e membre de la division indiquée suprà, v. n° 23.

(3) Le principe personnel domine (v. l'art. 10, § 1 et § 2, surtout le § 2). Le principe territorial est resté dans l'art. 9. Depuis les lois de 1849 et de 1851, le principe territorial a repris une certaine influence. (Cependant nous regarderons le principe personnel comme la règle générale, v. infrà, n° 51 bis). V. sur ce sujet un article fort intéressant de M. Beudant. L'auteur suit ces deux principes sous les diverses phases de notre législation, il en donne l'origine (le principe personnel nous vient de l'antiquité, l'autre de

31. — Ainsi, le fait de la naissance ou de la filiation est le moyen que la souveraineté prend pour déterminer la nationalité d'origine, pour l'imposer à la personne comme le premier de *ses devoirs* (1) et comme la garantie de ses droits.

32. — La nationalité d'origine est donc un fait nécessaire, qui dépend de la souveraineté. Est-ce à dire pour cela que la liberté de l'individu est anéantie (2)? qu'il n'y a plus place pour sa vo-

la féodalité) et constate à chaque pas quel est celui qui prédomine. (V. Revue critique, t. IX, p. 57 et seq. de l'effet de la naissance en France sur la nationalité).

(1) C'est là un point que l'on n'a pas assez fait remarquer. La nationalité avant tout constitue un *devoir*. On lit dans le préambule de l'édit de Louis XIV, d'août 1669 :

« Quoique les liens de la naissance qui attachent les sujets naturels à leur souverain et à leur patrie soient les plus étroits et les plus indissolubles de la société civile, que *l'obligation* du service que chacun leur *doit* soit profondément gravée dans le cœur des nations les moins policées, et *qu'elle soit universellement reconnue comme le premier et le plus indispensable des devoirs de l'homme....* »

(2) La théorie de l'art. 9 du C. c. ne vient pas contredire les idées que nous venons d'exposer ; elle nous montre au contraire la part que l'on donne à la volonté, dans l'obtention de la nationalité. Le projet était parti de cette idée ancienne : tout individu né en France est Français ; cette idée a été modifiée lors de la discussion. M. Siméon (v. Locré, p. 248, n° 10), a fait remarquer qu'il ne fallait pas imposer la France, qu'il fallait faire une certaine part à la volonté. Et Merlin, comme l'a fait remarquer M. Devilleneuve, résume parfaitement ces idées en disant que l'individu de l'art. 9 est un *Français commencé*. Cette expression.

lonté particulière, et qu'il est soumis, bon gré mal gré, à telle nationalité? Loin de nous une telle pensée tyrannique (1), de ce que la nationalité d'origine est imposée par la volonté générale (par mesure de protection, en faisant de l'homme une personne capable de droit) à l'enfant qui n'a point de volonté ou qui ne peut légalement en manifester aucune, il n'en résulte pas nécessairement que, lorsque l'enfant sera devenu majeur, il ne pourra pas user de sa liberté et manifester sa volonté, en changeant de nationalité, en perdant sa nationalité d'origine (2).

Cette faculté, au contraire, qu'il tient du droit naturel, que le droit positif ne peut lui enlever, confirme les idées que nous venons de présenter. La nationalité, en effet, dépendant de la souveraineté, et la souveraineté n'étant que la résultante des volontés particulières, si le citoyen se sépare des autres citoyens, s'il ne veut plus faire partie de cet ensemble de volontés qui forme la volonté gé-

dans sa vulgarité, fait parfaitement comprendre quelle est, dans la nationalité, la part de la loi et la part de la volonté.

(1) C'est ici qu'il faut placer la remarque faite par M. Demangeat (Hist. cond. civ. étrang., p. 274), et par Merlin (v. hic nº 39) : on ne peut pas logiquement forcer un Français à rester Français.

(2) Ainsi la vie est bien imposée fatalement à l'homme, ira-t-on dire pour cela que sa liberté disparaît. Ne reste-t-il pas malheureusement maître de se tuer? Il en est de même pour la nationalité.

nérale, et s'il manifeste cette intention expressément (1) ou tacitement, il a, par cela même, perdu sa nationalité première, pourvu, bien entendu, que la souveraineté exceptionnellement n'en dispose pas autrement.

33. — Nous arrivons ainsi à nous occuper du changement de nationalité, en d'autres termes de la nationalité acquise.

De ce que nous avons dit, il résulte que l'homme peut perdre sa nationalité par l'effet de sa volonté ; mais, comme il conserve l'état social, cette perte de nationalité n'est, le plus souvent, qu'un changement de nationalité, c'est-à-dire que cet homme acquiert ordinairement une nationalité nouvelle (2). Or, encore ici nous affirmons, et d'une manière bien plus certaine, que la cause de la nationalité acquise réside dans la souveraineté (3). Il est clair, en effet, que l'état indépen-

(1) Comme Jean-Jacques Rousseau.

(2) Au moins relativement à la législation à laquelle il cesse d'être soumis. Nous n'examinons pas la question de savoir si on peut être sans nationalité ; elle est en dehors de notre plan. V n° 22 à la note.

(3) M. Fœlix dit bien, au n° 34, avec tous les auteurs : le changement de nationalité résulte ou de la seule force de la loi, ou bien *de faits de l'individu ;* mais il ne dit pas ou de la volonté, du consentement de l'individu ; *résulte de faits de l'individu* ne veut pas dire que ce fait ne sera pas apprécié par la loi. Or, la volonté de l'individu figure simplement parmi les faits de l'homme

dant, sous peine de compromettre sa souveraineté (1), doit rester maître d'imposer sa volonté à des citoyens étrangers, ce qui exclut toute idée d'un contrat ou d'un quasi-contrat qui se formerait entre le particulier et la nation (2). On a bien

toujours soumis à l'appréciation de la souveraineté qui, suivant ses intérêts, éditera une loi ou accordera une faveur. (Bienfait de la loi. — Naturalisation).

(1) Il en est de même pour la nationalité d'origine. Que deviendrait la souveraineté d'un pays si la nation ne réglait pas quels sont ses nationaux d'origine, si elle abandonnait ce point à la volonté des individus. (V. le rapport de la loi du 7 février 1851). Le projet du code admettait la perte de la qualité de Français par l'abdication expresse qui en serait faite. On sait que ce principe a été rejeté. (V. arrêt de Bordeaux, 14 décembre, 1841, arrêt de Rejet du 25 janvier 1838).

(2) Il n'y a dans le changement de nationalité aucune convention. Lorsque l'individu s'est conformé à la loi, il réclame son droit et non l'exécution d'une convention *internationale;* et inversement un arrêt de Riom, du 7 avril 1855, a décidé : l'étranger établi en France, qui remplit toutes les conditions exigées pour être réputé Français, est investi de plein droit de cette qualité, sans que *son consentement ou sa volonté soit nécessaire.* Voici les considérants de cet arrêt : « Attendu que la loi qui répute Français, « même sans leur consentement, les étrangers établis en France, « est conforme aux droits des gens, les droits de souveraineté de « chaque nation s'étendant non seulement sur ceux qui y sont « nés ; mais encore sur les étrangers qui s'y sont établis. — « Attendu que l'étranger, par le fait seul de sa résidence, se « soumet aux lois du pays qu'il vient habiter et qu'il est libre à « chaque État de déterminer les conditions auxquelles il admet « un étranger à s'établir sur son territoire. — Attendu que ce serait « méconnaître le droit de souveraineté appartenant à chaque État « que de prétendre qu'un État ne puisse pas déférer à un étran-

reconnu, en 1849, que le droit d'octroyer la naturalisation était un droit de souveraineté. « L'agrégation d'un étranger à la société, disait « M. Bourzat à l'Assemblée nationale, est une « augmentation de la famille politique et la dimi- « nution du droit de tous. » Il faut donc que tous (1) y participent.

34. — Quant aux circonstances constitutives, reconnues nécessaires par la souveraineté pour faire parvenir la personne à cette nouvelle nationalité (2), nous ne les indiquerons pas; elles ont varié suivant les temps et les pays, et se retrouvent dans les lois positives qui concernent la résidence des étrangers, la naturalisation, etc.

35. — Ainsi donc, pour nous résumer, nous

« ger la qualité de régnicole, sans le consentement ou la volonté « de celui auquel une pareille qualité est déférée. — Attendu « que c'est à l'étranger, qui ne veut pas accepter les titres qui lui « sont conférés, à quitter le territoire sur lequel il est venu s'é- « tablir, et que si au contraire il continue d'y demeurer, il est « censé s'être soumis à la loi qui lui attribue de nouveaux droits « en lui donnant une nouvelle qualité. » (V. dans le même sens un arrêt d'Aix, du 18 août 1858, Sirey 8e et 9e cahier, 2, 518.

(1) C. a d. la souveraineté.

(2) Nous n'avons pas besoin de répéter que la volonté individuelle fait partie de ces circonstances, est un *élément déterminant* de la nationalité, sans pour cela en être le principe qui réside toujours dans la souveraineté. v. à ce propos Alauzet, loc. cit. nº 59.

affirmons que le principe de la nationalité d'origine, comme de la nationalité acquise, se trouve dans l'idée de souveraineté.

Quant aux moyens d'établir ces deux sortes de nationalité, c'est un point qui regarde les législations positives et qui a varié avec elles.

36. — Quant à la liberté individuelle (au fait personnel, au consentement), nous lui avons fait sa part et nous avons montré que son influence sur la nationalité était secondaire, accessoire, en tant qu'elle est toujours subordonnée à la souveraineté.

§ 3.

37. — Tous les auteurs, cependant, qui, en traitant des matières de droit, se sont occupés de nationalité, ont présenté le consentement, le fait personnel, la liberté individuelle, comme le principe, la seule raison d'être de la nationalité, et c'est en partant de cette idée qu'ils ont toujours raisonné, et que le plus grand nombre est arrivé au système que nous combattons (1).

(1) Par suite de la confusion que nous avons indiquée suprà, v. n° 23, et en posant mal les questions.

Cette opinion, qui a été répétée par tout le monde, nous osons le dire, sans un examen assez approfondi, a été, ce nous semble, inaugurée par Merlin.

Merlin (au mot Souveraineté) examine cette question : L'homme est-il nécessairement soumis, par sa naissance, à la souveraineté du pays où il a reçu le jour ? Et il la résout négativement en montrant que cet effet n'est produit que par le consentement de l'individu exprès ou tacite.

38. — Presque tous les auteurs, suivant en ceci Merlin, dont ils ne font qu'appliquer les principes à la question qui nous occupe, prétendent que la nationalité avec les droits et les devoirs qu'elle entraîne, est une qualité essentiellement personnelle, qui trouve sa cause dans la convention tacite qui s'opère par un accord de volonté entre le sujet et la souveraineté. Cet accord de volonté, cet échange de consentement fut d'abord exprès; la force même des choses fit plus tard qu'il fut tacite, et le fait révélateur de cette convention tacite, dit Merlin, fut l'établissement libre du domicile de l'individu dans le territoire de la souveraineté.

39. — C'est ainsi que Merlin dit : « Je crois « être en état de prouver que nos lois, reconnais- « sant et honorant la dignité de l'homme, de- « mandent son consentement avant d'exiger son

« obéissance (1), et qu'aujourd'hui même où un « contrat exprès ne se renouvelle plus entre chaque citoyen et la souveraineté, il se fait pourtant entre eux un pacte tacite par lequel l'un et « l'autre prennent des engagements d'autant plus « sacrés qu'ils sont libres dans leur principe (2). »

C'est sous l'impression de ces idées que presque tous les auteurs, dans la question qui nous occupe, disent avec M. Demolombe : On ne saurait admettre que la ***seule volonté*** du mari puisse dépouiller la femme de cette qualité essentiellement personnelle (3). La nationalité, comme le domicile, découle uniquement du consentement; pour que la nationalité puisse changer, il faut donc une

(1) Nous ne voyons pas en quoi c'est reconnaître et honorer la dignité de l'homme que d'attendre qu'il puisse donner son consentement pour qu'il soit juris capax, il nous semble au contraire que ce n'est guère tenir compte de sa dignité que de le considérer en quelque sorte comme une chose jusqu'à sa majorité.

(2) Ceci avait déjà été dit par Socrate, v. Toullier, loc. cit.

(3) Qu'on nous permette de rappeler que M. Troplong dit qu'à Rome la puissance maritale procède de la même idée que la puissance paternelle : *d'une idée de souveraineté* (mélangée d'une idée de propriété) ; l'idée que la femme doit se faire de son mari c'est *majestas*, celui-ci ayant sur elle une espèce de royauté, de souveraineté. (Il cite Tite-Live, 34, 2. Valer. max. 11, 1, 6. V. cependant leg. ult ff. § 1 de ann. et arg. leg. Leg. 19, § 1, ff. de ann. leg. —) De sorte que, à ce point de vue, la volonté du mari pourrait suffire pour opérer le changement de la nationalité de la femme.

manifestation de la volonté, et comme cette qualité est essentiellement personnelle, il faut que la femme consente à ce changement.

40. — Nous pensons avoir suffisamment réfuté le principe de cette argumentation par l'exposé de notre théorie sur la cause de la nationalité.

Il nous reste à montrer à quelles conséquences conduirait la théorie de Merlin appliquée à notre question.

41. — Si la nationalité a pour principe le consentement, comme la manifestation du consentement se produit par l'établissement du domicile qui, selon Merlin, a pour cause lui-même, le consentement, il faut dire avec cet auteur que tous ceux qui ne peuvent pas manifester de consentement n'ont point de domicile, et, par conséquent, point de nationalité. Merlin dit en effet positivement : « Les mineurs n'ont pas de domi-« cile (1), parce que la loi ne leur reconnaît point « de volonté. » Ainsi donc, les femmes mariées, les interdits, tous les incapables, n'ont ni domicile ni nationalité ! (2)

(1) Ce qui est formellement contraire au texte même de la loi (v. art. 108, le mineur aura *son* domicile....)

(2) V. Alauzet, de la qualité de Français, page 14, in fine.

Cette conséquence, qui se réfute d'elle-même, ne contient-elle pas la condamnation du système qui fait du consentement le principe, la raison d'être de la nationalité et du domicile?

42. — Merlin dit bien que les lois, pour étendre complètement leur empire sur la personne, attendent le moment de la majorité; jusque là leur autorité est toute de bienfaisance.

Cette dernière idée pourrait être contestée au point de vue international (1).

Et d'ailleurs cette assertion n'atteint en rien la conséquence que nous avons signalée, à moins qu'on ne dise que c'est par l'effet d'une autorité toute de bienfaisance que les incapables n'ont ni domicile ni nationalité, ce qui serait encore plus inadmissible.

43. — Quant aux femmes mariées, la conséquence à laquelle on arrive, en suivant Merlin, contient une contradiction manifeste.

En effet, Merlin dit : « Les femmes n'ont point « de domicile différent de celui de leur mari, « puisque la loi ne leur permet pas d'avoir une

(1) Ainsi nous n'apercevons pas quelle est l'autorité bienfaisante des lois françaises quand nous voyons, par exemple, que l'enfant qui, en France serait naturel, est légitime en Prusse, vis à vis de sa mère; qu'en certains pays de l'Europe, l'enfant peut faire déclarer sa paternité naturelle, etc.

« volonté différente (1). » Donc, si l'on fait aussi dépendre la nationalité de la seule volonté, il est certain que la femme aura toujours la même nationalité que son mari, puisqu'elle ne peut pas avoir de volonté en dehors de la sienne; puisque, comme le dit Fœlix, la puissance maritale absorbe la puissance juridique de la femme. Il y a donc contradiction à invoquer la volonté de la femme pour établir qu'elle peut avoir une nationalité différente de celle de son mari.

44. — Il faut en revenir à cette idée que la nationalité dépend de la souveraineté : c'est la loi qui impose à la femme la nationalité de son mari.

On nous dit cependant, en réfutant Fœlix (2) qui est de notre avis, qu'il n'est pas exact de présenter le changement de nationalité qui s'opère en la personne de la femme comme résultant de la seule force de la loi. La loi se borne ici, dit-on, à poser une présomption (le consentement de la femme est présumé), et cette présomption légale n'a rien d'exorbitant, car la femme qui épouse un homme qu'elle sait étranger témoigne suffisam-

(1) Merlin dit ailleurs (v° Français), c'est justice et raison exacte que l'étrangère, en épousant un Français, participe à sa condition : *celle des deux époux ne peut être différente l'une de l'autre*, et la femme est naturellement destinée à suivre la condition de son mari.

(2) V. Fœlix, p. 82, note A

ment par ce fait même qu'elle consent à changer de nationalité. Dès lors on peut admettre sans difficulté que si, le mariage une fois célébré, le mari perd sa nationalité par suite de faits auxquels la femme n'a point participé, cela n'aura aucune influence relativement à la femme. En effet l'esprit de la loi n'est point que la femme appartienne nécessairement et dans tous les cas à la même nationalité que le mari (1).

45. — Si cette argumentation, dont le principe a déjà été réfuté, est fondée, on arrive logiquement à examiner une question à laquelle il faudra donner une solution inadmissible :

Un savant jurisconsulte, admettant le principe que nous combattons, dit : La femme ***accepte tacitement*** la condition du mari au moment du mariage. Il voit aussi dans le changement de nationalité une présomption du changement de volonté ; mais alors il est naturellement amené à se demander (2) : La femme étrangère qui épouse un Français, serait-elle Française, même au cas où son contrat de mariage porterait expressément qu'elle a entendu conserver sa nationalité ? Je n'irais pas jusque-là, dit M. Mourlon ; nos lois

(1) L'esprit de la loi nous paraît tout contraire, v. infrà, n° 47.

(2) V. Répét. écrites, t. i, p. 97 à la note. V. aussi Marcadé.

n'imposent pas la qualité de Français à qui n'en veut pas (1).

Le savant annotateur de Fœlix que nous citions précédemment n'ose pas arriver à cette doctrine (2) en présence de l'art. 12, et il sacrifie la logique pour le bon sens (3). « Il nous paraît difficile, dit-il, « d'aller jusqu'à dire que la femme est libre « d'échapper à l'application des art. 12 et 19 en « déclarant sa volonté à cet égard lors de la célé- « bration du mariage ; du moment qu'elle épouse « un étranger, *il faut qu'elle consente* à perdre « sa nationalité. En un mot nous admettons bien « que c'est un fait *volontaire* de la femme, le fait « d'épouser un étranger, qui amène le changement « de nationalité, mais nous croyons que dans la « pensée du législateur il l'amène forcément. »

Est-il besoin de faire ressortir la contradiction de ce passage? Il *faut* que la femme *consente!* le consentement qui est imposé! Que ce soit à la

(1) Cette opinion n'a rien d'absolu. Ainsi elle ne pourrait pas être soutenue en Autriche (v. Fœlix, t. x, Revue étrangère, p. 461, qui nous apprend qu'un décret y décide positivement le contraire).

(2) Cette divergence d'opinions parmi ceux qui soutiennent le même système est une preuve de la fausseté de leur doctrine ; car si on raisonne logiquement on arrive à un résultat inadmissible, si non on arrive à affirmer notre théorie.

(3) C'est aussi ce que fait M. Demolombe au n° 183, v. infrà, n° 46. Or c'est la condamnation de leur système, puisque logiquement ils devraient conclure comme M. Mourlon.

suite d'un fait volontaire ou non, qu'importe (1)? N'est-ce pas dire ce que nous disons nous-mêmes, que le changement de nationalité s'opère par la seule force de la loi, qu'on ne tient pas compte du consentement; un consentement imposé n'est pas un consentement.

46. — M. Demolombe examine à peu près la même question; il cite le texte de l'art. 19, et il ajoute au n° 183 :

« Il serait mieux de dire qu'elle perdra la « qualité de Française, car notre loi ne saurait « lui conférer la nationalité étrangère, si la loi du « pays étranger s'y opposait. Mais dans cette « hypothèse (2), ne pourrait-on pas soutenir que « la femme française ne perdra pas sa qualité, « *puisqu'elle sait* que par ce mariage, elle ne « devient pas étrangère, et que dès lors le consen- « tement qu'elle y donne ne renferme pas l'alié- « nation de sa nationalité? »

« Je *ne pense pas* que l'article 19 admette « cette distinction, le principe qu'il consacre est « général dans nos mœurs et dans nos idées « françaises (3). Et d'ailleurs ce mariage avec un

(1) V. en effet hic, n° 46, l'hypoth. de M. Demolombe.

(2) C'est ce qui a lieu, comme on le sait, quand une Française épouse un Anglais.

(3) N'est-ce pas avouer en quelque sorte que la femme perd sa nationalité par la force même de la loi?

« étranger ne serait-il point de la part de la femme « un établissement formé en pays étranger sans « esprit de retour (1) ? »

On voit ici que l'illustre jurisconsulte est embarrassé, et qu'il ne donne dubitativement que des raisons vagues. Et en effet il n'y a dans tout ceci qu'une seule chose à dire, c'est qu'on ne tient pas compte du consentement, et que la nationalité ne dépend pas, en principe, de la volonté individuelle, mais de la souveraineté, et alors tout se comprend et s'explique (2).

47. — Ne voit-on pas d'ailleurs que l'esprit de la loi se dévoile à propos de cette question.

(1) M. Demolombe fait très-bien de ne présenter cette raison que sous une forme dubitative, car il est certain que le résultat serait le même, bien que le mari étranger restât en France et eût un établissement en France, sans s'y faire naturaliser, hypothèse dans laquelle la raison donnée par M. Demolombe n'a plus sa raison d'être.

(2) Comment expliquer, dans le système des adversaires, que lorqu'une mineure se marie, elle suit la condition de son mari ; elle est mineure (et en général les femmes qui se marient jouissent de cette incapacité), comment peut-elle manifester un consentement ?

On répond avec M. Demolombe par l'adage : Habilis ad nuptias, habilis ad pacta nuptialia. — C'est encore là une réponse équivoque et embarrassée, car tout le monde sait que cet adage s'applique surtout aux conventions pécuniaires, au contrat de mariage proprement dit, et non pas à des questions d'état et de capacité (art. 1398).

Pourquoi la Française ne pourra-t-elle pas se réserver sa qualité de Française en épousant un étranger ? « C'est que le législateur, dit M. Paul « Fabre, a considéré comme le plus sacré des « principes l'unité de lois dans le ménage ; c'est « qu'il a mieux aimé sacrifier un de ces sujets « que de créer un antagonisme normal et constant « au foyer domestique ; c'est qu'il a préféré à des « idées étroites et jalouses de nationalité, un prin- « cipe plus large, plus moral, plus élevé, celui de « l'ordre dans la famille. »

48. — Que si enfin on ne se rend pas à toutes ces raisons, si l'on veut absolument admettre que c'est par un effet présumé du consentement que la femme change de nationalité, et si on nous dit, en répétant les paroles du premier Consul, qu'il y a une grande différence à faire entre la femme qui épouse un étranger ou un Français, et la femme qui, après avoir épousé un étranger ou un Français, voit son mari changer de nationalité ; l'une exprime la volonté de changer de nationalité, l'autre, au contraire, la Française, par exemple, unie à un Français qui ultérieurement répudie ce titre, n'est plus atteinte par la présomption légale, qui n'existe pas en raison même de ce qu'elle n'aurait aucune base raisonnable, la dénationalisation du mari étant une de ces choses anormales, improbables, qu'au moment du mariage

la femme la plus prévoyante ne doit nullement supposer (1).

Nous répondrons simplement avec M. Massé (2): « Cette différence n'est qu'apparente. La femme, en se mariant, adopte la condition de son mari, et, comme elle sait ou doit savoir que cette condition n'est pas immuable, elle *consent*, par cela même d'avance, à suivre cette condition dans tous les changements qu'elle peut éprouver (3), et conséquemment à devenir étrangère si son mari devient étranger. Ici ne peut s'appliquer cette maxime : ***Quod nostrum et sine facto nostro nobis auferri potest.*** »

§ 4.

49. — Ainsi, comme on le voit, cette idée que la nationalité dépend du consentement, de la volonté, peut fournir des arguments en sens divers,

(1) Paroles de M. Legentil, v. Sirey, 8e et 9e cahier, 2, p. 513 et seq.

Il ne faut cependant pas beaucoup de prévoyance pour le supposer quand on lui fait la lecture de l'art. 214.

(2) Très-subsidiairement dans notre opinion.

(3) Il y a un cas où il ne serait pas permis d'en douter. C'est dans l'hypothèse que nous avons présentée (v. suprà, no 14). La femme est Française d'origine, son mariage la rend Prussienne, son

et nous en persistons d'autant plus à soutenir que l'on doit l'abandonner pour proclamer le principe que la nationalité dépend avant tout de la souveraineté.

Pour établir mieux encore cette idée et la rendre plus inattaquable, s'il est possible, il nous reste, ce nous semble, à rechercher si la nationalité, par sa nature, se refuse à l'adoption de la théorie que nous avons présentée.

Si la nationalité, en effet, était par sa nature quelque chose d'intransmissible, c'est-à-dire une qualité tellement personnelle qu'elle ne pût s'imposer, sous l'influence de la loi, du chef d'une personne à une autre personne, un attribut tel, qu'il ne pût s'attacher à la personne que par un effet de sa volonté, nous pourrions difficilement soutenir le système que nous avons avancé.

50. — Ceci nous mène à élargir un peu le cadre de notre question; mais nous ne ferons, dans cette partie de notre travail, qu'indiquer sommairement nos raisons, de manière seulement à compléter notre théorie.

mari postérieurement devient Français. Eh bien! nos adversaires sont obligés de dire que si la femme ne manifeste pas son intention expressément ou tacitement elle restera Prussienne! Or, c'est là certainement un cas où le consentement devrait être présumé en quelque sorte de plein droit.

51. — Il est évident, d'abord, que la nationalité d'origine, dont l'élément déterminant, d'après notre Code, est la filiation ou origine, est fatalement imposée et nécessairement transmise à l'individu par la loi, au moyen d'une personne (1). L'enfant ne choisit pas plus sa patrie que sa famille. Ainsi, pas de difficulté sur la nature et le caractère de la nationalité d'origine : elle est essentiellement ***transmissible***, et nous voulons dire par là que l'individu se trouve investi, indépendamment de sa volonté, d'une qualité qui lui est transmise par une autre personne sous l'autorité de la loi.

51 (bis). — N'y aurait-il que la nationalité d'origine qui eût ce caractère, et la nationalité acquise ne pourrait-elle dépendre, par sa nature même, que de la volonté et du fait personnel, de telle sorte qu'elle serait complètement intransmissible ? Ce qui revient à se demander si la nationalité d'origine, une fois imposée, constitue un droit acquis, de telle sorte que rien ne puisse la modifier avant la majorité, époque à laquelle la volonté individuelle pourra se manifester ?

La réponse à cette question, pour nous, sera bien simple : La nationalité d'origine ayant son

(1) On n'a pour s'en convaincre qu'à suivre à ce point de vue tous les cas dans lesquels on est Français d'origine.

principe dans la souveraineté, est un droit qui (aujourd'hui que son élément déterminant est en règle générale (1) la filiation) se transmet à la personne, indirectement et en vertu de la délégation de la puissance faite par la souveraineté, à un de ses nationaux, partie de la souveraineté elle-même. Par conséquent, dès que le lien qui rattache l'enfant à la souveraineté vient à se rompre, dès que le père, en puissance duquel est l'enfant, cesse d'être soumis à cette souveraineté, celle-ci, qui n'a de rapport avec l'enfant (en vertu même de la loi qu'elle a portée) que par l'intermédiaire du père (à qui elle a délégué son pouvoir de faire naître

(1) L'argument que nous faisons ici, ne serait plus topique pour le cas où la loi ne tiendrait aucun compte de la filiation et attacherait directement la nationalité à tout autre circonstance (comme dans l'ancien droit) ; mais ceci ne nous empêcherait pas de soutenir que la nationalité acquise a le même caractère de transmissibilité (du chef, à ceux qui sont sous sa dépendance) car, lors-même que la souveraineté rattache à elle l'individu sans se servir de l'intermédiaire d'une personne, il est certain que cette attribution de la nationalité, qui est une mesure générale de protection pour l'incapable, ne peut pas être en antinomie avec cette autre mesure de protection plus efficace, plus rapprochée, plus affectueuse qui est la puissance paternelle ; elle doit donc lui être subordonnée ; et on ne pourrait décider le contraire qu'en s'exposant à atteindre l'ordre de la famille, base de l'ordre social. D'ailleurs la puissance paternelle étant une délégation de la souveraineté, et cette puissance étant toujours reconnue chez le père par son ancienne nation, celle-ci a, par cela même, logiquement reconnu le changement de nationalité des enfants.

cette relation qui est la nationalité) n'ayant plus de rapport avec le père, ne peut plus en avoir avec l'enfant, qui dès lors, rationnellement, a suivi la condition de son père.

Comment donc comprendre que l'enfant ait un droit acquis à garder une qualité que la loi ne lui confère que par le moyen d'un intermédiaire, dépositaire de son autorité, dont il suit, précisément à cause de ce caractère, la condition au moment de sa naissance? Et comment expliquer que ce résultat n'ait plus lieu postérieurement et tant que dure l'incapacité de celui qui ne fait en quelque sorte que participer à la qualité de la personne à laquelle il se rattache légalement?

Tout ce que nous venons de dire de l'enfant s'applique exactement à la femme mariée.

Il faut donc reconnaître qu'il n'y a rien dans la nature des choses qui s'oppose à l'adoption de la théorie que nous avons présentée (1).

Que si l'on veut se placer au point de vue de la majorité des auteurs et prétendre que la cause de la nationalité est dans la volonté, nous maintiendrions également le même résultat ; car la loi faisant dépendre la nationalité de la filiation, il est évident que l'on ne tient pas compte de la volonté de l'enfant, mais bien de celle du père ou de la mère, et alors nous demanderons si la raison

(1) V. hic suprà, nº 22 et seq.

qui fait qu'on tient compte de la volonté du père plutôt que de celle de l'enfant, au moment de sa naissance, ne subsiste pas jusqu'à sa majorité ?

Ne disons donc pas avec certains auteurs qu'une fois la nationalité imprimée, elle ne peut se perdre que par un fait personnel et volontaire. Nous venons de voir que c'est là une assertion trop absolue (1) et qui, théoriquement parlant, est fausse à tous les points de vue, en ce qui concerne les incapables (2).

52. — Ce que nous venons de dire ne nous empêche pas de reconnaître que la nationalité constitue une qualité personnelle ; mais est-ce à dire pour cela qu'elle est intransmissible et qu'il faille le consentement de celui qui acquiert ou qui change cette nationalité, pour qu'elle lui soit transmise ? N'avons-nous pas dans nos lois et dans nos mœurs des qualités tout aussi personnelles que celle de Français ou d'étranger, et qui sont

(1) D'ailleurs nous pourrions accepter cette formule et maintenir notre idée, car l'incapable, l'individu en puissance ne pouvant pas légalement produire de fait personnel et volontaire, le fait personnel de celui en puissance duquel il est, est le sien propre aux yeux de la loi civile. (La nationalité n'est pas en effet un de ces droits que l'on ne peut exercer que par soi-même, comme le droit de se marier ou de tester). Et dès lors notre théorie est maintenue.

(2) V. d'ailleurs hic infrà les raisons données par Fœlix, n° 53.

reconnues parfaitement transmissibles? Ainsi, le père, le mari, ne transmet-il pas à ses enfants et à sa femme son nom, qui est cependant un attribut personnel s'il en fut? L'enfant, la femme, seraient-ils libres d'avoir ou de ne pas avoir ce nom? N'est-ce pas là, comme pour l'attribution de la nationalité, une condition même de l'ordre public (1)?

53. — Ainsi par l'effet de la souveraineté, le père, le mari, dont la puissance est une délégation de la puissance collective, transmet à ses enfants et à sa femme sa nationalité au moment de leur conception pour ceux-là, au moment du mariage pour celle-ci. Si maintenant le père, le mari, change de nationalité après ces événements, faudra-t-il dire que cette femme et ces enfants qui ne se rattachent à la souveraineté que par lui, et qui sont toujours soumis à sa puissance qu'il tient maintenant d'une autre souveraineté vont rester sujets d'un état dont ils sont rationnellement séparés, auquel ils sont véritablement étrangers? En d'autres termes faut-il dire que les enfants mineurs et la femme ne suivront pas la nouvelle condition du père de famille? (2)

(1) V. arg. analogue dans M. Demolombe, v. 1, pag. 152 et 153.

(2) C'est comme on le voit toujours, la même question, élargie, étendue en même temps aux enfants.

Ecoutons la réponse de Fœlix (n° 40) « La
« naturalisation (1) individuelle du mari entraîne
« celle de la femme, la femme passe avec lui
« sous l'empire de la nouvelle patrie choisie par
« le mari, c'est la conséquence du lien intime qui
« unit les époux, etc.

« De même, la naturalisation du père d'enfants
« mineurs emporte celle de ces mêmes enfants (2).
« Ceux des membres de la famille qui se trouvent
« dans une dépendance légale du chef doivent
« suivre le sort de celui-ci. » (3)

54. — Ainsi pour M. Fœlix la question ne fait pas doute; pour lui, la nationalité est essen-

(1) Ou tout autre mode de changement de nationalité, suivant nous.

(2) Ainsi en D. romain on se demande si la qualité du père était transmise aux enfants nés avant que le père ait obtenu cette qualité, et on se décide pour l'affirmative. V. Leg 5 ff de senat., Leg. 9, § ante penult. ff de pœnis. Leg. 2, § 2, ff de Decur. — D'une règle de Loysel il semble résulter qu'il n'en était pas de même dans notre ancien droit. Cette règle est ainsi conçue : s'ils (les aubains) ne laissent des enfants *nés* et demeurant au royaume, ou d'autres parents naturalisés et y demeurant, le roi leur succède. — Il résulte de ceci que les enfants qui seraient nés en pays étrangers et qui auraient suivi leur père aubain en France, n'empêchant pas l'exercice du droit d'aubaine, ne doivent pas être considérés comme ayant participé à la condition des autres enfants nés au royaume.

(3) Il dit ailleurs : « Il peut sembler contradictoire que les
« enfants qui ont besoin du secours physique et intellectuel du
« père soient séparés de lui par la limite de la nationalité. »
V. Alauzet de la qualité de Français, n° 16.

tiellement transmissible. C'est aussi l'opinion de M. Duvergier, au moins en ce qui concerne les enfants mineurs (1) car il le nie pour la femme mariée.

55. — La loi du 7 février 1851 est venue changer la physionomie de la double question dont nous nous occupons ici.

Voici en effet ce que dit M. Demangeat (sur Fœlix, p. 94).

Après avoir cité l'art. 2 de la loi (2) il dit :

« Ainsi le bénéfice de la naturalisation accordé
« à un étranger n'est jamais communiqué à ses
« enfants qu'autant qu'ils le veulent bien, s'agit-il
« d'un enfant mineur ? il ne pouvait être mis en
« demeure de se décider immédiatement après
« la naturalisation de son père, on lui donne un
« an à partir de sa majorité, etc. »

(1) Nous sommes très-étonné que M. Duvergier (qui écrivait avant la loi de 1851) n'adopte pas la même théorie relativement à la femme.

M. Massé au contraire adopte notre théorie pour la femme et la rejette pour les enfants.

(2) Cet article est ainsi conçu : « L'art. 9 du Code civil est applicable aux enfants de l'étranger naturalisé, quoique nés en pays étranger, s'ils étaient mineurs lors de la naturalisation. A l'égard des enfants nés en France ou à l'étranger, qui étaient majeurs à cette même époque, l'art. 9 du Code civil leur est applicable dans l'année qui suivra celle de la dite naturalisation. »

56. — Nous sommes bien obligé d'adopter l'opinion de M. Demangeat, qui nous paraît être le résultat nécessaire de cette nouvelle loi, et de dire que la naturalisation du père d'enfants mineurs n'emporte pas de plein droit, dans l'esprit de cette loi, la naturalisation des enfants ; mais nous nous empressons de faire remarquer que cette concession n'affaiblit en rien notre système, car alors, avec M. Massé et M. Benoît Champy (1) nous distinguerons entre la femme et les enfants.

M. Massé après avoir dit que la règle : *quod nostrum et sine facto nostro nobis auferri non potest*, ne s'appliquait pas à la femme dit : « mais « cette maxime est applicable, comme nous « l'avons déjà vu, dans un cas qui présente quelque « analogie avec la question que nous venons « d'examiner, dans le cas du mineur dont le père « devient étranger. Le changement de nationalité « du père n'entraîne pas le changement de natio- « nalité de son fils mineur. La perte de la na- « tionalité suppose une volonté exprimée ou « présumée (2); or, le mineur ne pouvant avoir « de volonté et son père ne pouvant en avoir pour « lui (3) dans les choses qui tiennent à l'état même

(1) V. aussi M. Alauzet, nº 16, in fine.

(2) On voit que M. Massé raisonne toujours d'après un principe que nous combattons.

(3) Alors, pourquoi son père lui a-t-il transmis sa propre nationalité au moment de la conception ?

« et aux droits civils de la personne, il faut re-
« connaître que le fils mineur reste Français, lors
« même que son père devient étranger. »

57. — Nous adopterons ce résultat (1) puisque la loi de 1851 nous y force, seulement nous ne donnerons pas les mêmes raisons que M. Massé. Pour nous, la raison de cette distinction, de cette différence de solution relative à la femme et relative aux enfants a sa cause (2) dans cette idée

(1) A regret, car les principes posés par M. Fœlix et développés par M. Duvergier restent toujours.

(2) Nous pourrions toujours, d'après notre théorie, (v. supra, n° 22) qui n'est détruite en rien par cette distinction, donner une autre raison de cette différence. Du moment en effet que la loi dit expressément qu'elle tiendra compte de la volonté comme circonstance constitutive de la nationalité, il est naturel de penser qu'il s'agit d'une volonté légalement manifestée par la personne qui doit être investie de la nationalité, que cette volonté (toujours subordonnée d'ailleurs à la souveraineté) doit parconséquent être manifestée par un majeur (art. 9 C. c., art. 2 loi de 1851, etc.) Mais pour la femme la loi ne dit rien de semblable, elle ne parle pas de sa volonté, et dès-lors la différence se comprend.

Tout ce que l'on pourrait induire de cette remarque c'est que nous devrions modifier ce que nous avons dit aux n°s 49 et seq. de ce travail, au moins en ce qui concerne les enfants mineurs ; mais nous ferons remarquer que si, en suivant la loi de 1851, nous faisons une distinction entre la femme et les enfants mineurs, et si nous essayons de nous en rendre compte, nous n'abandonnons pas pour cela, au point de vue rationnel et de la législation, ce que nous avons avancé précédemment ; car il est très-facile de comprendre que le père ou le tuteur peut parfaitement ici, comme

qu'il n'y a pas, entre le père et les enfants, cette indivisibilité qui est de l'essence du mariage et qui confond en une seule personne le mari et la femme ; et dès lors nous comprenons, à la rigueur, que le législateur, organe de la souveraineté, établisse sur ce point deux règles différentes.

58. — On pourrait d'ailleurs expliquer ce résultat historiquement ; c'est, il nous semble, un vestige des idées de l'ancien droit, ainsi Claude Serre, en ses *Institutes* (1), nous apprend que les enfants ne suivaient pas la condition du père, en ceci, que si le père perdait la noblesse, les enfants ne devenaient pas roturiers.

Cette règle tenait à cette idée que l'on retrouve dans Merlin (v° noblesse), c'est que le père est grevé d'une sorte de substitution au profit dı fils ; il y a là une espèce de fidéicommis, une injonction de transmettre. La renonciation qui serait personnelle au père, ne nuirait pas au droit de ses enfants.

Le nom, le rang, la noblesse faisant partie des biens qui ne sont pas dans le commerce, étant inaliénables et incessibles, ce n'était pas

dans les autres cas, manifester valablement la volonté du mineur, sauf toujours la liberté de celui-ci à sa majorité.

(1) Inst. au D. franç., p. 17, l. 1, t. 3.

V. aussi ce que dit M. Demangeat, Hist. de la cond. civile des étrangers, p. 166 et 167.

tant le titre d'héritier qui y donnait droit, que le droit de la descendance par les mâles. Ces biens appartenaient en commun à toute la famille, chaque particulier qui la composait y avait droit comme étant de la famille ; mais nul, par la même raison, n'avait le pouvoir de les aliéner et la renonciation d'un des membres de la famille ne pouvait pas atteindre ceux qui avaient déjà un droit acquis.

C'est peut-être cette idée qui s'est perpétuée à notre insu dans nos mœurs modernes, non plus pour le préjugé du nom féodal, mais pour le titre de Français (1).

59. — Sans la loi du 7 février 1851 nous aurions pu soutenir avec Fœlix que la même règle doit s'appliquer aux enfants mineurs comme à la femme (2); mais il faut s'incliner devant l'argument décisif de M. Demangeat.

Cependant nous ne pouvons pas accepter l'esprit de cette nouvelle loi, sans protester, en quelque

(1) Il n'y a rien dans la nature des choses qui empêche que les enfants mineurs ne soient soumis à ceux sous la puissance desquels ils sont placés, quant à la nationalité. Ainsi M. Massé nous apprend, en note, que c'est ce qui a lieu en Autriche et en Russie, il aurait pu ajouter, avec Fœlix, que cela a lieu aussi en Prusse et dans la loi wurtembergeoise. V. d'ailleurs hic n° 51.

(2) V. en effet une dissertation très-complète, relative aux enfants, de M. Duvergier, v. Sirey, Loc. citat.

V. suprà, n° 51 bis.

sorte, nous le ferons très-modestement puisque nous sommes conduit à adresser nos observations au législateur lui-même.

60. — Cette loi du 7 février 1851, comme cela résulte du rapport de M. Benoît Champy, a été faite dans le but d'éviter une fraude, dont la nation était victime. Au moyen de certaines manœuvres, en effet, des individus pouvaient jouir de la qualité de Français pour tous les avantages attachés à cette qualité, et exciper de leur qualité d'étrangers quand il s'agissait des charges qu'impose la patrie (1). On a donc voulu empêcher cette facilité de se procurer une fausse possession d'état de Français. On a voulu, comme disait déjà M. Passy en 1831, ôter aux étrangers le droit exhorbitant de vivre et de mourir sous la protection des lois d'un état, sans participer à ses charges.

Or, les individus à même de commettre cette fraude, étaient les individus nés en France de parents étrangers, établis depuis longtemps en France ; c'est à propos de ceux-là que M. Benoît Champy indique le but de la loi (2), et puis, en

(1) V. tome 9, Revue de la jurisprud., article de M. Beudant, p. 79.

(2) Cette loi montre d'ailleurs combien il serait dangereux de laisser la nationalité à la volonté des individus.

suivant cette idée, il est amené à parler des enfants qui avaient accompagné en France leur père, étranger naturalisé.

On comprend la similitude de position entre ces deux classes d'individus ; s'ils y trouvaient leur avantage ils se laissaient passer pour Français, sinon ils réclamaient leur nationalité; or, les uns pouvaient le faire légalement et parconséquent pour ceux-là il fallait une loi; quant aux autres c'est à tort, selon nous, qu'ils auraient tenté cette manœuvre, et alors pour ceux-ci une loi était inutile, c'était à la jurisprudence à empêcher les abus.

61.—On a cru cependant qu'il fallait les joindre dans les mêmes dispositions législatives, on était évidemment préoccupé de cette facilité que donne la présence sur le territoire pour se procurer une possession d'état fausse et qui permettait la fraude que l'on voulait empêcher ; de sorte que personne n'a fait remarquer que l'on pouvait soutenir que les enfants de l'article 2 étaient Français et que l'article était inutile. On devait cependant bien connaître l'opinion de Fœlix et de Duvergier, opinion conforme à l'esprit de nos lois et que la Cour de cassation aurait fini par consacrer. On s'est peut-être laissé aller à imiter la législation de la Belgique, on n'a fait en quelque sorte que copier l'art. 4 de la loi belge du 27 septembre 1835.

On aurait dû cependant remarquer ou faire remarquer que dans une question qui tient aux rapports internationaux, il fallait tenir compte de l'état général de l'Europe sur ce point, or, l'Autriche, la Prusse, la Russie suivaient une législation toute contraire à celle de la Belgique.

A-t-on craint d'imposer la France, comme cela paraît résulter des travaux préparatoires ? Si telle a été l'opinion du législateur, l'article 2 s'explique : c'est comme si le législateur avait fait la réflexion suivante : ces enfants, si nous ne faisions pas l'art. 2, seraient Français, la jurisprudence pour éviter les fraudes arriverait au moins à les considérer comme tels ; or, nous ne voulons pas imposer la France, nous voulons leur laisser plus de liberté et nous leur appliquerons l'art. 9.

Alors il y aurait là seulement une exception à notre doctrine qui ne ferait que la confirmer.

62. — Disons enfin que cette loi du 7 février pourrait bien, comme l'a fait remarquer M. Beudant, se rattacher à certaines vues politiques qui lui imprimeraient, jusqu'à un certain point, le caractère de loi de circonstance. On voulait en effet réagir contre certaines idées émises en 1848 qui tendaient à supprimer les distinctions de nationalité (1).

(1) V. sur ce point l'article de M. Beudant, Loc. citat.

SECTION TROISIÈME

—

Réponse aux arguments. — Considérations. — Examen critique de la jurisprudence.

§. 1.

63. — Nous pensons avoir démontré que la nationalité n'a pas son principe dans la volonté individuelle, nous avons fait voir que la nationalité était de sa nature parfaitement transmissible et imposable, et nous avons conclu avec M. Fœlix que la femme suit nécessairement, qu'elle le veuille ou qu'elle ne le veuille pas, la nationalité de son mari. Il nous faut maintenant répondre aux arguments spéciaux que l'on nous oppose; après la théorie que nous avons établie, notre tâche sera en partie simplifiée.

Nous nous occuperons d'abord des arguments

tirés des textes et ensuite de ceux que fournissent les travaux préparatoires.

64. — On croit tout d'abord tirer un argument du texte même des articles 12 et 19.

« Les textes (et les principes) exigent, dit « M. Demolombe (1), que le changement de na- « tionalité du mari depuis le mariage soit sans « influence sur la nationalité de la femme. L'*étran-* « *gère* qui aura épousé un *Français*, dit l'art. 12, « la femme *française* qui épousera un étranger, « dit l'article 19. *Donc* ce n'est qu'au moment « même du mariage que la nationalité du mari « devient celle de la femme. »

Il résulte évidemment de cet argument, que M. Demolombe entend l'article 12 comme s'il y avait : l'étrangère qui aura épousé un Français ***deviendra Française***, et l'article 19 comme s'il y avait : la femme française qui épousera un étranger ***deviendra étrangère***. Si ces articles étaient ainsi conçus, nous comprendrions à la rigueur cet argument fondé sur cette opposition des mots française et étranger, étrangère et française, opposition de mots qui, mise en regard de l'idée du mariage qui s'accomplit (qui aura épousé, qui épousera), contiendrait peut-être l'argument de texte du célèbre professeur.

(1) V. t. 1, n° 175.

65. — Mais on peut faire remarquer que, outre que cet argument est une sorte d'argument à *contrario*, le texte même des articles 12 et 19 contient de fortes raisons de douter.

D'abord ces mots : *suivre la condition*, n'indiquent-ils pas une continuité dans l'action ? *suivre* implique l'idée de marche, de mouvement, on pourrait donc dire que l'expression même dont se sert le Code, préjuge la question en notre faveur.

Si les rédacteurs avaient mis dans l'article 12, l'étrangère qui aura épousé un Français deviendra ou *sera* Française (v. article 10 où on emploie le verbe être), et dans l'article 19 : une femme française qui épousera un étranger perdra la qualité de Française (suivant les expressions dont on se sert dans le chapitre II, v. articles 17, 18, 21), nous comprendrions l'opinion des adversaires, ils raisonnent précisément comme si ces articles étaient ainsi conçus (ce qui eût été logique de la part du législateur, s'il avait voulu décider la question dans le sens que nous combattons). Or, le législateur emploie la même formule dans les deux articles, formule plus générale que celle qu'il emploie pour les autres cas et qui présente dans son sens littéral l'opinion même que nous défendons. Ne pouvons-nous donc pas avec raison rejeter l'argument de M. Demolombe ?

Nous savons bien que l'on pourra nous dire

que cette formule était un adage reçu et dans toutes les bouches, et que c'est pour cela que le législateur s'en est servi, sans y attacher une pensée spéciale, en vue d'y comprendre les deux hypothèses que nous avons distinguées (1). Ceci ne fait que confirmer notre assertion, car c'est précisément parce que le législateur s'est servi de cette formule toute faite, et parce que cette formule générale qui s'explique par l'institution même du mariage comprenait les deux hypothèses (2), c'est-à-dire s'appliquait pendant toute la durée du mariage, que nous croyons y trouver la consécration de notre système, et que nous prétendons suivre, en le défendant, l'esprit de la loi.

66. — L'article 3 du décret du 26 août 1811 a fourni un argument à M. Delvincourt. Cet article décide que le Français naturalisé en pays étranger, avec l'autorisation du roi, conserve tous ses droits civils en France.

Or, dit M. Delvincourt, nul acte plus volontaire de la part du Français que la naturalisation, et si néanmoins une simple autorisation du roi suffit pour que le Français, devenu volontairement étranger par la naturalisation, conserve les droits

(1) V. suprà hic, n° 7.

(2) V. suprà les paroles de Ferrière. n° 5.

civils en France, à combien plus forte raison la femme qui n'est censée quitter la France que malgré elle (1), et en vertu de l'obligation que lui impose la loi française elle-même, doit-elle les conserver ? (2)

Nous pourrions tout d'abord refuser de répondre, car nous ne reconnaissons pas le décret inconstitutionnel du 26 août 1811, comme ayant force de loi (3). Mais en admettant même cette opinion, nous pouvons dire que l'analogie entre les deux cas n'existe pas ; et cela, d'abord parce que la loi oblige la femme à suivre son mari, même à l'étranger, tandis que rien n'oblige le Français à se faire naturaliser étranger, de sorte qu'il n'y a nulle analogie à établir entre l'autorisation arbitraire du roi et l'obligation nécessaire qui découle de la loi. On pourrait même prétendre que c'est précisément parce que la femme n'a pas obtenu l'autorisation du roi qu'elle ne peut pas être mise sur la même ligne que l'individu dans l'hypothèse de l'article 3 du décret.

(1) V. en sens contraire les paroles de M. Massé, suprà, n° 48.

(2) Cet argument, comme on le voit, est toujours fondé sur cette idée que la nationalité a sa cause dans le consentement, et à ce point de vue nous ne l'acceptons pas. V. en effet hic n° 22 et seq.

(3) V. sur ce point de Droit public M. Demolombe, qui rapporte très-exactement les éléments de la discussion, n° 187.

67. — On a aussi tiré un argument de l'article 9 de ce même décret de 1811. Cet article, dit-on, réserve les droits des femmes dans le cas de naturalisation de leurs maris en pays étrangers.

La réponse a été donnée par M. Fœlix, il dit tout simplement et victorieusement selon nous : les réserves contenues à l'article 9 ne portent que sur les intérêts pécuniaires; sauf, dit l'article, les droits des femmes, qui seront réglés comme au cas de viduité.

68. — Si l'on voulait tirer un argument lointain de l'article 214 , en disant que l'obligation imposée à la femme par cet article, a sa base unique dans le droit civil de son pays et que ce droit ne saurait lui commander au-delà des limites du même territoire ;

Nous nous contenterions de répondre, encore avec Fœlix, et sans entrer dans une réfutation complète, que cette obligation ayant passé dans le droit international privé est générale et doit recevoir partout son exécution.

69. — Nous arrivons aux arguments que nos adversaires ont cru trouver dans les travaux préparatoires du Code ; et à ce propos, on pourra remarquer, par la discussion qui suit, combien il faut en général se méfier de ces arguments qui,

puisés dans des paroles détachées, peuvent facilement servir toutes les causes.

On prétend d'abord que M. Regnaud, de Saint-Jean-d'Angély, a expressément dit que la femme ne suivait pas la nationalité dont son mari serait investi au cours du mariage.

Voici ce que dit M. Regnaud sur l'article **214** : « Sans doute le mari n'a pas le droit de faire de « sa femme une étrangère, mais cependant il « ne doit pas être forcé de s'en séparer lorsque « ses affaires le conduisent hors du territoire « français. »

70. — Remarquons d'abord que rien dans cette phrase ne dit *positivement* que le mari est devenu étranger, de sorte que l'on ne peut tirer aucun argument de ces paroles d'ailleurs très-vagues. On pourrait même dire que la fin de la phrase suppose que le mari reste Français : les affaires le *conduisent* hors du territoire, elles ne le retiennent pas pour toujours à l'étranger. Il serait donc permis de conclure (contre des adversaires qui voient une démonstration dans ces paroles) qu'il a le siége de ses affaires en France et qu'il reste Français. Et alors dans cette interprétation, la phrase pourrait très-bien vouloir dire : ce n'est pas faire sa femme étrangère que d'aller voyager à l'étranger avec elle, quand on a des affaires qui vous y appellent pendant long-

temps, et la femme doit par conséquent suivre son mari à l'étranger.

71. — Mais laissons cette argumentation trop subtile, l'argument que l'on tire des paroles de M. Regnaud, de Saint-Jean-d'Angély, disparaît complètement quand on rapproche ces paroles de celles prononcées par le premier Consul. Il disait que l'obligation imposée à la femme de suivre son mari toutes les fois qu'il l'exige ne saurait recevoir de modification, qu'elle devait le suivre même lorsqu'il s'éloignait pour jamais et dans la vue de s'établir chez l'étranger (1).

(1) D'ailleurs comme le fait remarquer M. Fœlix, après ces paroles du premier Consul, en réponse à celle de Regnaud, de Saint-Jean-d'Angély, se termine le procès-verbal du Conseil d'Etat, et dès-lors il est permis de conclure que le Conseil d'Etat s'est arrêté à l'avis du premier Consul.

Nous pensons en outre que l'on a tort dans cette discussion d'introduire l'article 214 ; il ne nous paraît pas que, dans la pensée des rédacteurs, l'obligation de suivre le mari, même à l'étranger, ait trait au changement de nationalité de la femme. Ainsi l'arrêt du 3 août 1858 (v. hic n° 98) dit : « Attendu que l'obligation naturelle et légale imposée à la femme de suivre son mari partout « où il juge à propos de résider, *n'affectant point sa qualité de « Française*, elle demeure justiciable des tribunaux français. » L'article 214, comme le fait remarquer aussi M. Legentil (qui cependant invoque l'art. 214) « ne s'occupe que du point de fait, que « de l'habitation, de la résidence, il n'a même pas trait au domi- « cile ; » à plus forte raison, dirons-nous, à la nationalité.

Je reconnais avec M. Devilleneuve (1) qu'il ne faut pas, comme M. Mailher de Chassat, tirer de ces paroles un argument pour notre système; mais avec M. Devilleneuve aussi, nous ferons remarquer que ces paroles, soit celles du premier Consul qui sont en notre faveur, soit celles de M. Regnaud qui paraissent être contre nous, étaient dites, non dans la discussion de l'article 19; mais dans la discussion de l'article 214, C. C. et qu'il s'agissait non pas de savoir si la femme, dont le mari se ferait étranger, deviendrait elle-même, durant le mariage, étrangère; mais seulement de savoir si la femme, dont le mari passerait à l'étranger, irait même s'y établir, serait tenue de suivre son mari et de demeurer hors du royaume (2), question dont la discussion, comme on aurait peut-être dû le faire remarquer, était naturellement amenée par l'opinion de Pothier, ce guide habituel de nos législateurs, qui disait, au n° 382 de son traité du contrat de mariage, que le mari ne pouvait pas forcer sa femme à le suivre en pays étranger (3). C'était donc là la seule question restreinte qui était en discussion.

(1) Sur l'arrêt du 16 décembre 1845, v. S. 46, 1, 100.

(2) V. Locré, t. 4, p. 396.

(3) V. aussi Traité de la puissance du mari ; n° 1. « Pourvu néanmoins, dit-il, que ce ne soit pas hors le royaume et en pays étranger, car si le mari, en abjurant sa patrie, voulait s'y établir, la *femme qui doit encore plus à sa patrie qu'à son mari*, ne serait

72. — Un autre argument que l'on croit plus topique est tiré des paroles que le premier Consul a prononcées dans la séance du 6 germinal, an IX.

« Il y a une grande différence, dit-il, entre une femme française qui épouse un étranger et une femme française qui, ayant épousé un Français, suit son mari lorsqu'il s'est expatrié. La première par son mariage a renoncé à ses droits civils. L'autre ne les perdrait que pour avoir fait son devoir (1). »

On commence par faire remarquer que ces paroles sont topiques parce qu'elles ont été prononcées lors de la discussion de l'article 19.

Cette observation n'a pas autant de valeur qu'elle paraît en avoir au premier abord, car il ne s'est pas élevé de discussion proprement dite sur notre question lors de l'examen de cette partie du code, de sorte que les paroles du premier Consul sont en quelque sorte isolées; de plus,

pas obligée de l'y suivre, et d'imiter l'abjuration que son mari fait de sa patrie. »

(1) M. Fœlix (loc. cit. t. x, p. 456 et 457) prétend qu'il résulte *directement* de ces paroles qu'on a reconnu, non pas que la femme qui suit son mari expatrié conservera ses droits civils en France, mais au contraire qu'elle perdra ses droits. Nous pensons que c'est là une erreur, et que M. Fœlix s'est fait illusion sur la portée de ces paroles qui ont évidemment (prises à elles seules) le sens que les adversaires lui donnent. Mais v. infrà la discussion, n° 74.

comme nous l'avons dit, les paroles du tribun Gary disant : ceci est sans difficulté, ont bien l'air de montrer qu'on n'avait pas songé à notre question qui est très-embarrassante (1).

73. — Sans avoir besoin de faire remarquer que les paroles du premier Consul n'ont pas l'importance qu'elles auraient si elles émanaient d'un jurisconsulte, nous ferons seulement observer que sa dernière phrase contient une pétition de principes et un préjugé. Il y a un préjugé (2) parce

(1) Ce qui nous prouve encore que l'on n'avait pas songé à notre question, c'est ce qu'a dit le tribun Chazal sur la 2e partie de l'article 19. « Pouvez-vous et devez-vous, disait-il, imposer l'obli- « gation de l'autorisation à la femme française, veuve d'un étran- « ger, qui veut rentrer dans son pays natal, devez-vous exiger en « outre qu'elle déclare l'intention de s'y fixer? »

Si l'on avait songé à notre question, est-ce qu'en refusant cette modification à l'article 19 on n'aurait pas fait remarquer qu'il y a un cas où la Française, veuve d'un étranger, n'a en effet pas besoin d'autorisation, c'est quand cette Française a épousé un Français qui est mort étranger, puisqu'alors elle serait Française. Or, rien n'a été dit de semblable. — Et d'ailleurs on pourrait de ces paroles, et de cette circonstance qu'il n'y a pas été fait droit, conclure que le législateur regardait la femme, *dans tous les cas*, comme ayant perdu sa nationalité.

(2) Chaque peuple, dit M. Beudant (loc. cit.), a la faiblesse bien naturelle de se placer au-dessus des autres, et si telle est la pensée de tous, il est clair qu'elle n'est qu'un préjugé consolant et qu'il n'appartient à aucune nation de nommer bienfait ou avantage l'attribution de sa nationalité. V. en outre M. Demangeat, Hist. cond. civ., etc., p. 274. D'ailleurs il faut remarquer que

que la question qui nous occupe étant une question de droit international, on ne peut pas dire que la femme, *par une sorte de punition* (1), perd les droits civils en France; cette pensée, très-nationale d'ailleurs, est trop exclusive, et nous ne devons pas nous établir juges en notre propre cause, et regarder comme bien à plaindre, et comme punis tous ceux qui ne jouissent pas des droits civils en France. Quand le patriotisme est trop exagéré, il devient, comme disait Voltaire, une rivalité hautaine, un amour propre révoltant

même en admettant que la perte de la qualité de Français fut une *punition*, cette idée ne pourrait pas s'appliquer à la femme. D'abord la femme n'a jamais les droits politiques, de sorte que la nationalité a déjà moins d'importance pour elle ; en outre l'idée de punition disparaît par la seule comparaison des articles 12 et 19 rapprochés, et devant la disposition favorable des articles 19 2°.

(1) C'est bien là l'idée qui ressort du contraste que font naître ces dernières paroles : *pour avoir fait son devoir*.

M. Delvincourt reproduit la même idée de punition et il présente le même argument que le premier Consul. Fœlix lui répond : il ne sagit pas d'une punition ; la femme cesse seulement de faire partie d'une nation pour passer membre d'une autre. D'ailleurs ce serait bien, pour une femme patriote, une peine que de changer de nationalité, que nous lui dirions avec Ulpien : *Quid enim tam humanum est quam ut fortuitis casibus mulieris maritum, vel uxorem viri, participem esse?* en outre, ne pourrions-nous pas invoquer l'adage de la loi, 10 ff de D. R. juris et dire que si une femme étrangère a *l'avantage* de devenir Française en épousant un Français, elle doit avoir aussi *l'inconvénient* de perdre cette nationalité quand son mari se fait naturaliser dans un autre pays. — V. d'ailleurs la note qui précède, in fine.

qui se déguise sous l'amour du pays. Lors de la confection du Code, et malgré les changements apportés à l'esprit public en France, il ne faudrait pas croire que toutes les idées grandes et généreuses eussent complètement disparu devant le despotisme naissant; « Au sein du Conseil d'Etat, « disait M. Paul Fabre, se sont trouvées en pré« sence des idées que l'on pourrait appeler, s'il « était permis d'emprunter des dénominations à « une langue politique créée longtemps après la « discussion du Code civil (1), les idées humani« taires et les idées exclusivement nationales, les « premières l'ont emporté! »

Il y a, en second lieu, une pétition de principe dans cette phrase du premier Consul, parce qu'il s'agit précisément de savoir si ce n'est pas pour la femme son devoir que de perdre dans ce cas là les droits civils français.

74. — D'ailleurs les circonstances de la discussion vont nous permettre de réfuter complètement l'argument que l'on voudrait tirer de ces paroles.

Voici comment la discussion est rapportée dans Locré :

(1) Ceci n'est peut-être pas tout à fait exact, car les idées humanitaires ou philanthropiques ont pris leur glorieux essor, dès les premiers moments de la Constituante.

« M. Portalis demande qu'il soit fait un article additionnel pour conserver les droits civils à la femme française qui suit en pays étranger son mari français l'orsqu'il s'expatrie.

M. Tronchet dit qu'une telle exception donnerait lieu à des fraudes. Le mari expatrié et ses enfants profiteraient des biens de sa femme. Si l'on se décidait à admettre la proposition de M. Portalis il faudrait du moins obliger la femme à donner caution qu'elle ne disposera de ses biens qu'en faveur de Français et qu'elle rentrera en France dans le cas où elle deviendrait veuve.

M. Regnaud, de Saint-Jean d'Angély, pense que la question se trouve décidée par l'art. 13 qui vient d'être adopté (c'est l'art. 19 actuel).

M. Boulay dit que M. Portalis propose une *exception* à cet article.

C'est alors que le premier Consul, appuyant la proposition de M. Portalis, prononce les paroles qu'on nous oppose.

Enfin la proposition de M. Portalis est ajournée et n'a jamais été reprise. »

75. — Il résulte bien évidemment de cette discussion que l'on a reconnu au Conseil d'Etat. que ce principe : la femme suit la condition de son mari, est un principe absolu, et que pour soustraire la femme à cette obligation pendant le cours du mariage, il faudrait que cette exception

fut écrite dans la loi, ce que le législateur n'a pas voulu faire.

On pourrait même aller plus loin et dire (1) que M. Portalis en voulant conserver à la femme, dont le mari s'expatrie et qui suit son mari, ses droits civils en France, voulait par cela même implicitement lui conserver la qualité de française et que parconséquent il ne doutait pas que la femme ne devint étrangère comme son mari (2). M. Tronchet combat cette idée, il veut que la femme suive complètement le sort de son mari. Quant à M. Regnaud, de Saint-Jean-d'Angély, il est tout à fait de notre opinion et entendant l'article 19 comme nous, il pense que la question se trouve résolue: c'est-à-dire il pense que la femme ne doit pas conserver sa qualité de Française puisque l'article 19 dit qu'elle suivra la condition de son mari. M. Boulay qui est de l'opinion de M. Portalis lui répond: mais c'est précisément une *exception* à l'article 19 que nous voulons. (Le mot exception, comme on le voit, est bien important dans cet ordre d'idées). Arrive

(1) En admettant, pour la discussion, que l'obligation pour la femme de suivre le mari même à l'étranger, avait trait, dans la pensée des législateurs, à la nationalité de la femme. (V. suprà, n° 71).

(2) Car à quoi servirait, pourrait-on dire, de prétendre qu'elle est Française, mais qu'elle a perdu tous ses droits civils en France? V. suprà hic n° 16.

alors le premier Consul qui ne fait qu'appuyer l'exception demandée par Portalis.

Eh bien! qu'est-il résulté de tout ceci? La proposition de M. Portalis a été ajournée sans avoir jamais été reprise! Qu'est-ce que cela signifie? si non qu'on n'a pas voulu faire une exception à l'art. 19, que cet article 19 doit être entendu d'une manière absolue (1), de sorte que nous ne comprenons pas que l'on puisse voir dans ces paroles un argument irrésistible quand précisément elles condamnent (2) de la manière la plus formelle la doctrine qu'on nous oppose.

76. — Nous aussi nous pourrions, si la défense de notre opinion en avait besoin, tirer des arguments lointains des travaux préparatoires.

Nous pourrions aussi invoquer des arguments de texte, soit dans le rapprochement des articles 12 et 19 (3), soit dans l'article 19 lui-même (4).

(1) C'est-à-dire qu'il est applicable aux deux hypothèses distinguées suprà n° 7.

(2) En les entendant dans le sens que leur donne les adversaires.

(3) V. hic n° 84, arrêt de Paris.

(4) L'article 19 montre en effet par ces deux parties qu'il n'y a qu'un cas où la femme peut arriver à une autre nationalité que celle de son mari, à avoir une nationalité propre, c'est lorsque ce mari est mort étranger la laissant étrangère, alors elle peut redevenir Française; mais tant que le mari est vivant elle ne fait qu'un avec lui. N'est-ce pas dire *a contrario* que si le mari était mort

Enfin nous pourrions présenter une foule de considérations en faveur de notre système (1).

77. — Quant à celles que l'on a fait valoir contre nous, elles sont plus ou moins juridiques et nous ne nous y arrêterons pas.

Ainsi, avec M. Legentil (2), on pourrait nous parler du légitime orgueil national français, du sang français qui coule dans les veines, nous dire que la patrie a des droits sur le cœur de l'épouse (3). A ces considérations qui ne sont pas du domaine du droit, nous répondrons que les étrangers peuvent avoir le même orgueil avec autant de raison que nous, et que parconséquent ceci n'est d'aucune influence dans la discussion (4).

Que si on prétend que la femme doit préférer sa patrie à son mari, nous répondrons encore (5) que ceci sort du droit, et nous ne pouvons dire qu'une chose, c'est que les familles forment les nations (6) et qu'avant de faire partie d'une nation,

Français il n'y aurait pas à s'occuper pour la femme de la manière de redevenir Française, elle le serait, ayant suivi la condition de son mari, puisqu'on ne prévoit que le cas où le mari étranger meurt étranger.

(1) V. hic n° 11 et seq.

(2) V. Sirey, 8e et 9e cahier, p. 513 à la note in fine.

(3) M. Troplong, Contrat de mariage, t. 1, n° 59.

(4) V. d'ailleurs suprà n° 73.

(5) V. en outre Arrêt de Paris, cité infrà, n° 84.

(6) M. Fœlix dit : La famille légalement constituée dans un état

il faut appartenir à une famille, que la base de la famille est dans le mariage et que nous ne comprendrions pas comment la femme pourrait être d'une autre nation que son mari. M. Fœlix ne paraît pas pouvoir supposer que le père et la mère légitimes appartiennent à deux nations différentes (1). Il arrive d'ailleurs à dire (2) : « le « lien qui attache la femme au mari est plus fort « que celui qui l'attache à sa patrie, et en cas « de conflit entre ces deux liens, c'est celui de la « puissance maritale qui doit obtenir la préfé- « rence (3). »

Quelques auteurs ont dit qu'il est invraisemblable que la femme confie ainsi à son mari la faculté absolue de modifier son état (4), qu'elle devient alors une ilote, que le droit de la puis-

ne saurait se diviser en plusieurs portions appartenant à diverses nations. V. Cependant l'art. de M. Colmet Daage, loco citat. — V. une objection de M. Valette, Demolombe, t. 1, n° 245.

(1) V. Droit Int., n° 27.

(2) V. Rev. Etr., t. x, p. 452.

(3) De même Vascille dit au n° 290, contrairement à Pothier (v. n° 71 hic) : « Qu'il fut entendu, lors de la discussion, que « *l'attachement à la patrie ne doit pas prévaloir sur les devoirs de* « *l'époux*. En effet, ajoute l'auteur, l'engagement du mariage est « indissoluble et de tous les lieux, l'homme est toujours libre de « changer de patrie, et sa femme est tellement liée à son sort « qu'il peut l'obliger non seulement à une résidence temporaire en « pays étranger ; mais même à s'y naturaliser avec lui. »

(4) M. Mourlon.

sance maritale est déjà assez exhorbitant, etc., etc. (1).

Nous répondrons avec M. Fœlix qu'après avoir souscrit l'engagement solennel qui emporte pour elle aliénation de ses facultés physiques et morales, elle s'est donnée elle-même ; et nous ne voyons pas ce qu'elle pourrait vouloir garder.

78. — Quant à nous, nous ne présenterons qu'une seule considération qui nous paraît sérieuse.

Dans le système des adversaires voici à quelle conséquence on arrive (2) :

On suppose l'hypothèse suivante : Primus français (époux et père) se fait naturaliser étranger. M. Demolombe soutient que la femme et les enfants restent Français. Or, Primus étranger reste chef d'une famille française. Cela est évident puisque on ne cesse pas de reconnaître son mariage, et parconséquent Primus conserve la puissance maritale et la puissance paternelle. Mais alors M. Demolombe se demande quelle loi il faudra appliquer pour régler l'exercice de cette puissance maritale, de cette puissance paternelle ? et l'illustre professeur conclut que c'est la loi

(1) M. Legentil.

(2) Cette conséquence est défendue par M. Demolombe, t. 1, n° 104

française! Sa raison est que la femme et les enfants sont Français; or, dit-il, l'article 3 déclare que les lois concernant l'état et la capacité des personnes régissent les Français même résidant en pays étranger. En outre, dit le même auteur, l'application des lois personnelles étrangères à des Français serait, dans tous les cas contraire à notre droit public, au principe de la souveraineté et souvent même à nos usages et à nos mœurs.

M. Demolombe s'aperçoit bien de l'énormité de la conséquence à laquelle il arrive: « C'est bien assez déjà, dit-il, que cette situation nous oblige à remettre aux mains d'un étranger l'exercice des pouvoirs domestiques de la famille, ne soumettons pas au moins toute cette famille française à des lois étrangères (1). »

La même question peut se présenter pour la femme (2).

La femme, née Française, qui est devenue étran-

(1) Comparer dans M. Demolombe les n°s 245, 246 et 104. On verra que l'absence d'un principe certain empêche toute direction dans les questions qu'on ne décide plus alors que par des considérations particulières et secondaires. Ainsi comprend-on que le même auteur décide (en vertu d'une idée romaine), que le père étranger a la puissance paternelle sur ses enfants mineurs français et qu'il n'ait pas la tutelle sur ces mêmes enfants quand précisément ils ont un plus grand besoin de sa protection?

(2) V. une hypothèse très-simple dans M. Demangeat, Hist. de la cond., etc., p. 364.

gère par son mariage, a-t-elle la puissance paternelle sur ses enfants français?

Il faut supposer une Française veuve, ayant des enfants de son premier mariage, et qui épouse un étranger; ou bien une Française qui épouse un étranger, cet étranger se fait naturaliser Français (la femme ne manifeste aucune volonté, et reste comme on le prétend étrangère); les enfants qui naissent après la naturalisation du père sont Français, et la mère devenue veuve n'accomplit pas les conditions imposées par l'article 19 et 20.

Cette femme aura-t-elle la puissance paternelle?

M. Colmet Daage résoud la question affirmativement (1) parce que, dit-il, la puissance paternelle est un système de protection remis à ceux dont l'affection est présumée. Donc la loi française ne défend pas d'accorder cette puissance à la mère étrangère.

79. — De sorte que, comme on le voit, nous arrivons à un résultat que nous ne savons comment qualifier: un étranger, une étrangère exerçant (peut-être en France) les pouvoirs domestiques de la famille française, pouvoirs qui constituent des droits civils français, qui sont une délégation du pouvoir public (2) auquel les étrangers ne par-

(1) V. Colmet Daage, loc. citat., p. 412.

(2) V. Chardon, cité infrà, n° 100.

ticipent point ! (1) Il faut donc en revenir à notre théorie.

80. — Il reste une dernière objection générale que l'on pourrait nous faire et sur laquelle on pourrait se faire illusion.

On peut nous dire en effet, vous niez ce résultat : deux nationalités dans le même ménage. Cependant rien n'est plus simple. Une femme épouse un Français, elle devient Française, est-ce que dans le cours du mariage cette femme ne peut pas, avec l'autorisation de son mari, se faire naturaliser étrangère ?

Nous ne nions pas cette conséquence, mais nous ne voyons pas ce qu'elle a de contraire à notre théorie. D'abord on suppose l'autorisation du mari et la volonté de la femme, ce qui est sortir de l'hypothèse puisque notre question revient à se demander si la femme est à ce point, liée à son mari, qu'elle suive *nécessairement* sa patrie.

En second lieu, nous demanderons quel sera l'intérêt du mari à donner ainsi son autorisation. S'il en a, ce ne peut être que pour éluder la loi française et alors cette naturalisation frauduleuse de la femme ne produit aucun changement : *fraus omnia corrumpit*.

(1) V. un résultat encore plus bizarre. Demol., n° 246. V. aussi Demante, Cours analyt., t. 1, p. 77, n° 27 bis. II.

§ 2.

81. — Nous nous sommes borné dans ce travail à examiner la question de nationalité en elle-même, quant aux conséquences qui en découlent et qui forment l'intérêt pratique de cette controverse, nous renvoyons aux principes généraux, et nous nous hâtons d'arriver à l'examen de la jurisprudence.

82. — Trois arrêts, à notre connaissance, ont spécialement jugé la question dans le sens que nous proposons.

Ce sont les arrêts de cassation du 14 avril 1818 (1); de Metz, du 25 août 1825 (2); et de Paris, du 24 août 1844 (3).

Ces arrèts ont exactement prévu notre question, et nous croyons qu'ils doivent servir de règle à la jurisprudence.

83. — Cependant avec M. Demolombe (4) on nous les conteste.

(1) V. S., C. N., 5, 1, 465.
(2) V. eod., 8, 2, 135.
(3) V. eod., 1844, 2, 568.
(4) V. tome 1, n° 175.

On a dit qu'ils étaient sans autorité directe sur la question, parce qu'ils avaient été rendus par application de la loi du 14 octobre 1814, relative aux habitants des anciens pays réunis à la France et qui en ont été séparés depuis.

84. — Avant d'entrer dans la discussion de la question de savoir si l'application de la loi de 1814, faite dans ces arrêts, doit être une raison de ne pas les invoquer dans la difficulté dont nous cherchons la solution, qu'on nous permette de citer quelques considérants généraux de ces arrêts qui, à notre avis, doivent suffire pour en déterminer l'application à notre espèce.

Nous trouvons dans l'arrêt de Metz :

« Attendu qu'un tel changement (de nationalité
« du mari) n'est sans doute pas sans inconvé-
« nients pour la dame M. qui n'était guère à
« même de le prévoir lors de son mariage ; *mais*
« *que ce serait de la part des magistrats*
« *tomber dans un inconvénient bien plus grave*
« *que de s'autoriser de cette considération pour*
« *porter atteinte à l'association conjugale et*
« *la soumettre à des modifications dont elle*
» *n'est point susceptible.* »

Dans l'arrêt de Paris nous lisons :

« Attendu que d'après les dispositions de
« l'article 19, C. C., la femme française qui épouse
« un étranger doit suivre la condition de son mari.

« Attendu que ces dispositions reproduites
« aussi dans l'art. 12, C. C., doivent avoir pour
« effet, non seulement d'imposer à la femme la
« nationalité que son mari pouvait avoir à l'épo-
« que de son mariage; *mais encore d'entraîner*
« *pour la femme l'obligation de subir et d'ac-*
« *cepter pour elle le changement que les*
« *circonstances peuvent amener dans la na-*
« *tionalité de son mari.* »

Nous avouons ne pas voir là l'influence de la loi de 1814, les Cours de Paris et de Metz se décident d'après les principes généraux qui, selon nous, doivent être appliqués sous l'empire de la loi de 1814, comme sous l'influence de tout autre circonstance.

85. — C'est ce qu'il nous reste à prouver:

Nous n'avons pas admis que le changement de nationalité eût sa cause dans la volonté particulière de l'individu; cette volonté, comme nous l'avons dit, est toujours subordonnée à la loi, et cela à cause du principe de souveraineté.

Ainsi la volonté générale opère un démembrement du territoire, il en résulte que fatalement, nécessairement les individus soumis à la souveraineté qui opère ce démembrement changent de nationalité (1). Mais cette même volonté générale

(1) V. Demolombe, t. 1, n° 178. Nous ne dirons pas avec cet

vient dire à quelques uns de ces individus : je tiendrai compte de votre volonté individuelle et si vous manifestez votre intention, je vous réintégrerai dans la nationalité que vous avez perdue, plus facilement que si vous étiez de simples étrangers.

La position est exactement semblable dans tous les autres cas de changement de nationalité, il y a un fait volontaire de l'homme qu'il faut rapprocher de la volonté de la loi (1), et nous ne voyons pas, en raison, ce que l'on veut dire quand on prétend que l'application de cette loi de 1814 faite dans les arrêts que nous citons, nous empêche de pouvoir les invoquer.

86. — Ce qui explique pourquoi la loi de 1814 paraît à nos adversaires contenir une exception aux principes qu'ils défendent, c'est qu'ils partent toujours de ce principe faux que c'est la volonté qui fait la nationalité ; dès lors ils concluent que la nationalité est une qualité essentiellement personnelle. Quand devient-elle collective ? C'est lorsque le changement provient d'un fait indépendant de la volonté, et ils citent pour exemple le cas de la loi de 1814.

auteur que c'est le territoire même qui est dénationalisé ; c'est là une idée qui nous paraît être un peu féodale.

(1) V. hic suprà, n° 32, et seq.

Sans combattre de nouveau ce point de départ (1) nous ferons simplement remarquer qu'il n'est pas exact de dire (comme M. Massé par exemple), que le cas de la loi de 1814 est un cas où l'on ne tient aucun compte de la volonté. Car, de deux choses l'une, ou l'individu du pays démembré redevient Français et alors on ne peut pas nier qu'il ait fait acte de volonté, ou il reste étranger et alors encore ce résultat ne se produit que par un effet de sa volonté, puisqu'il refuse d'adhérer à la loi.

87. — D'ailleurs voici où mènerait cette doctrine que nous combattons. Supposons le démembrement, plaçons-nous dans l'hypothèse de la loi de 1814, si le père s'applique la loi de 1814, les enfants mineurs et la femme resteront étrangers exactement comme dans le cas où le père refuserait de se l'appliquer. De sorte que par un double exercice de volontés contraires on arriverait à deux résultats identiques ; et que dans le premier cas il faudrait, en théorie, donner cette raison, que les enfants restent étrangers parce que la volonté du père ne peut pas modifier l'état des enfants et de la femme qui ne manifestent pas de volonté, et dans le second cas, que les enfants restent étrangers parce qu'il s'agit d'un fait qui

(1) V. hic suprà, n° 22 et seq.

s'impose à toutes les volontés, quand il est manifeste que dans ce deuxième cas la volonté du père a autant d'action que dans le premier cas.

Après toutes ces raisons, et après l'examen des considérants de ces arrêts, nous ne doutons pas que les principes qu'ils renferment ne doivent s'appliquer généralement à toutes les hypothèses.

88. — Examinons maintenant les arrêts que les adversaires revendiquent pour appuyer leur opinion.

On nous oppose d'abord trois arrêts : un arrêt de Paris du 21 juillet 1818 (1) ; 2° un arrêt de la même Cour, du 7 août 1840 (2) ; 3° un arrêt de rejet du 16 décembre 1845 (3).

89. — Ces arrêts sont loin de détruire le système que nous proposons.

En effet, l'arrêt de Paris du 21 juillet 1818, prévoit spécialement une question de compétence ; après avoir reconnu que le mari était Français au moment du mariage, il décide il est vrai que ses actes postérieurs n'ont pu changer ***la condition*** de la femme, fixée par la législation du temps du mariage ; que la maxime qui a garanti à la femme

(1) V. Sir., C. N., 5, 2, 405.

(2) V. Journ. Pal., 40, 2, 747

(3) V. Sir., 46, 1, 100.

qu'elle ne pourrait être contrainte à suivre son mari hors le royaume (1) lui a garanti comme conséquence nécessaire qu'elle ne pourrait être distraite de ses juges naturels par l'abandon que pourrait faire son mari de sa patrie de naissance.

90. — On pourrait critiquer cet arrêt à plusieurs points de vue.

On peut dire d'abord qu'il part d'un principe erroné (2) pour en tirer une conséquence vicieuse et que s'il avait adopté le contrepied de la maxime qu'il invoque, il concluerait comme nous.

On peut dire ensuite que cet arrêt ne résoud pas positivement notre question. Il parle bien de la condition de la femme; mais la fausse idée tirée de l'article 214 pourrait légitimement faire penser que la Cour ne s'est occupée de la condition de la femme spécialement qu'au point de vue de la compétence, sans vouloir résoudre explicitement notre question.

91. — Nous révoquerons aussi l'autorité de l'arrêt du 7 août 1840.

Dans cet arrêt, la question qui nous occupe

(1) Maxime tout à fait inexacte, vraie du temps de Pothier ; les travaux préparatoires du Code montrent de la manière la plus formelle qu'elle a été abandonnée à cette époque.

(2) V. hic n° 89 la note.

n'est encore qu'implicitement résolue; il s'agit spécialement de l'application de l'article 14 du C. civil et de l'article 59 du Code de proc. civ. C'est une question de compétence.

L'arrêt dit bien que la femme est devenue Française, que la naturalisation n'a trait qu'au mari seul, que la femme parconséquent prétend qu'elle est toujours Française.

Mais que l'on prenne la peine de lire l'espèce, le texte du jugement et celui de l'arrêt, et l'on reconnaîtra que ce ne sont pas ces motifs qui déterminent la Cour, elle ne tire aucune conclusion des principes qu'elle émet relativement à la nationalité, elle les énonce plutôt comme des prétentions d'une des parties.

De sorte que nous pouvons dire que cet arrêt ne s'occupe pas de notre question (1).

92. — L'arrêt de rejet du 16 décembre 1845 ne nous paraît pas plus topique.

Cet arrêt, dont nous acceptons la décision, fait une exception à notre doctrine pour le cas de fraude.

En effet, il décide que le Français marié avec une Française et qui ensuite s'est fait naturaliser en Suisse, dans le but d'y faire prononcer son

(1) C'est à tort, selon nous, que le sommaire de l'arrêt la présente comme positivement résolue dans cette affaire.

divorce, ne peut, par cette ***naturalisation frauduleuse***, attribuer à sa femme la qualité d'étrangère et rendre valable à son égard le divorce prononcé en pays étranger. Ici est inapplicable le principe que la femme suit la condition de son mari

93. — Cet arrêt, par l'exception qu'il pose à notre doctrine, ne fait que la confirmer. D'abord par la jurisprudence qu'il établit, il empêche une des conséquences les plus funestes que pourrait amener l'opinion que nous soutenons.

C'est bien parce qu'il y a fraude, fraude à la loi française, c'est bien parce que la fraude fait exception à toutes les règles que la Cour refuse d'appliquer la maxime de l'article 19 (1).

(1) « Attendu, dit la Cour de cassation, que s'il est permis aux citoyens français de se faire naturaliser en pays étranger, *et même d'y emmener leurs femmes pour les y soumettre aux lois du pays qu'ils adoptent*, cette règle qui tient à *l'indivisibilité du mariage* reçoit exception, lorsque le mari ne fait usage de l'autorité matrimoniale que pour pouvoir rompre les liens conjugaux et dépouiller sa femme de ses droits, en la privant de l'appui et de la protection qu'il lui avait promis et qu'il lui devait d'après les lois françaises. — Attendu que la Cour royale *a reconnu et déclaré en fait* que P. avait employé des manœuvres frauduleuses pour se dégager des liens dans lesquels le retenait la loi française et porter atteinte aux droits de sa femme et de ses enfants. »

V. ce que dit M. Demangeat à propos de cet arrêt, p. 66 à la note. Il y avait si bien fraude que la Cour de Poitiers avait déjà refusé d'appliquer les articles 201 et 202 C. Civ

94. — L'annotateur de l'arrêt, après avoir vivement combattu l'opinion que nous soutenons, pose en principe l'opinion contraire. Il faut tenir pour certain, dit-il, avec la majorité des auteurs, que la femme dont le mari devient étranger (au cours du mariage) ne devient pas étrangère par ce seul fait et contre sa volonté. — Jusqu'ici il semble, à entendre l'arrêtiste, que c'est là la doctrine de la Cour. Mais il continue : « La conséquence de ce principe, en ce qui touche la question que présentait à juger l'espèce, c'est-à-dire les effets du divorce, que le mari devenu étranger a fait prononcer en pays étranger, serait évidemment que ce divorce ne pourrait avoir aucun effet en France relativement à la femme restée Française. » Et il ajoute : « Mais la Cour, ***sans vouloir trancher précisément cette question***, s'est décidée par un autre motif pris de la fraude qui fait exception à toutes les règles (1), ***de sorte qu'en supposant même que la naturalisation du mari eût pu changer l'état de la femme***, la faire étrangère en vertu du principe de l'article 19, ce principe resterait sans application dans l'espèce. »

(1) Quant à la note que nous trouvons dans Dalloz, elle est tout à fait inexacte selon nous ; le principe *fraus omnia corrumpit* est un principe général, et nous ne voyons pas pourquoi la fraude à la loi n'atteindrait pas les droits de nationalité, les droits politiques ou publics comme tous les autres droits ; cette exception n'est dans aucun texte, et ne découle d'aucun principe.

C'était là tout ce qu'il fallait dire, et à propos de cette question controversée bien faire remarquer que la Cour avait évité de la résoudre.

95. — Ainsi donc cet arrêt, loin de nous être contraire, peut en quelque sorte être revendiqué par nous.

On peut nous objecter que, si on ne peut pas invoquer la fraude, nous arrivons à un résultat déplorable en facilitant le divorce; à cela nous répondrons, comme certains auteurs ont répondu : que chaque pays doit savoir accepter la conséquence de la législation qu'il se donne, que si cette législation est trop sévère pour la nature humaine, il doit s'attendre à des expatriations contre lesquelles le droit des gens lui défend de sévir, et qu'enfin ce serait une étrange contradiction de la part surtout des adversaires du divorce, et une profanation du lien civil et religieux qu'ils croiraient respecter que de porter atteinte à l'indivisibilité, à l'unité de loi du ménage pour sauver le principe de l'indissolubilité du lien.

96. — Le dernier arrêt rendu sur la matière est celui de Douai, du 3 août 1858.

Rien de plus simple que les faits qui ont donné lieu au procès : un Français domicilié en France a épousé une Française, quelques années après, ce Français se fait naturaliser citoyen de Philadelphie; la femme reste en France à l'ancien domicile du mari. Le mari introduit en France une instance en séparation de corps. Débat sur la compétence, la femme allègue qu'elle est étrangère (article 19), qu'elle n'a pas de domicile en France, et qu'elle doit être assignée devant le Tribunal du domicile de son mari (articles 108 et 234).

Ce déclinatoire est rejeté par l'arrêt; et la Cour décide (1) :

1° La femme française dont le mari se fait, pendant le mariage, naturaliser en pays étranger, ne perd pas pour cela sa qualité de Française; ici est inapplicable le principe que la femme suit la condition de son mari.

2° Elle ne perd pas son domicile en France, si elle a continué d'y résider.

3° En conséquence, elle est justiciable des tribunaux français, et la demande en séparation de corps contre elle formée par son mari, est compé-

(1) Sommaire de l'arrêt dans Sirey, comp. le sommaire dans Dalloz.

tamment portée devant le Tribunal du lieu qu'elle habite.

97. — Ces décisions de l'arrêt sont fort importantes au point de vue pratique.

La Cour de Douai appuie sa première proposition sur cette distinction (1): La femme qui épouse un étranger renonce ***volontairement*** à sa nationalité, tandis que la femme dont il s'agit conserve sa nationalité, ***dont le fait personnel du mari ne peut la priver***.

M. Legentil, dans une note très-étendue, annexée à cet arrêt (2), se place comme tous les auteurs et comme l'arrêt lui-même, à ce point de vue que la volonté individuelle expresse ou présumée est le principe, la base même de la nationalité, et il arrive ainsi facilement à justifier la doctrine de la Cour. Nous renvoyons sur ce point à ce que nous avons dit précédemment à ce sujet (3), en faisant remarquer toutefois que le fait personnel du mari, sanctionné par la loi comme

(1) Sur laquelle nous nous sommes déjà expliqué. V. suprà n° 48 et 74 et seq.

(2) Loco. citat.

(3) V. suprà n° 22 et seq. V. aussi ce que dit M. Massé, cité hic n° 48.

élément déterminant de la nationalité de la femme (articles 12 et 19), peut être considéré comme étant, aux yeux de la loi, le fait même de la femme ; la femme n'ayant, au point de vue légal, point d'autre volonté que celle de son mari, comme le disait Merlin ; de sorte que même au point de vue de M. Legentil on peut se rendre compte du changement de nationalité de la femme.

98. — Ce qu'il y a de plus grave dans cet arrêt, c'est cette conséquence à laquelle il arrive implicitement : La femme, non séparée de corps, n'a pas perdu son domicile en France, et cela en présence de l'article 108, conçu en termes si formels !

La doctrine (1) qui suppose que la femme, tout en demeurant Française, peut cesser d'avoir son domicile en France et en acquérir un en pays étranger, est donc repoussée par le présent arrêt, comme contraire à cette idée que tout Français a nécessairement un domicile et que ce domicile ne peut être situé qu'en France (2).

Or, c'est une question controversée dans notre droit que celle de savoir si un Français pourrait

(1) Qui résulte des paroles de M. Demangeat, v. hic n° 12.

(2) Cette remarque est faite par l'annotateur de l'arrêt dans Dalloz, v. IIe cahier, 2, 218

avoir son domicile en pays étranger, de manière à ne plus conserver aucun domicile en France.

M. Demolombe examine cette difficulté (1), et il la résoud dans le sens de l'arrêt que nous examinons. M. Demangeat (2) et M. Dalloz (3) la décident en sens contraire.

M. Legentil qui présente la question qu'il traite comme n'ayant été discutée nulle part, suit cependant à la lettre l'opinion de M. Demolombe (4) et examinant spécialement cette question au point de vue de la femme mariée, il conclut que le mari, par une naturalisation étrangère, ayant perdu la qualité de Français, a également perdu son domicile, que ce domicile ne peut plus être celui de la femme ; mais que la femme demeurant Française, cette femme doit nécessairement avoir un domicile, et un domicile en France, dès lors qu'elle a un domicile tout personnel et en dehors de celui du mari.

99. — On voit que toute l'argumentation de M. Legentil repose sur cette idée qu'une Française doit par cela même avoir son domicile en France,

(1) V. tome 1, n° 349.

(2) Loc. citat.

(3) V° domicile.

(4) V. Sirey, 8e et 9e cahier, p. 516, à la note 30.

parce que restant Française elle ne peut avoir de domicile à l'étranger.

Nous avons averti que c'était là un point controversé et nous n'entrerons pas dans l'examen de cette difficulté qui est en dehors de la question qui nous occupe. Nous ferons seulement remarquer, au point de vue de la nationalité de la femme, que si l'on admet que la femme est restée Française, et si l'on suit la doctrine de M. Demolombe, il faudra, avec M. Legentil, l'appliquer à la femme mariée et conclure comme lui, ce qui est inadmissible en présence de l'article 108. De telle sorte que la conclusion de M. Legentil sur ce point subsidiaire du domicile, nous fournit un argument puissant en faveur de notre système, et nous donne une raison de plus de décider que la femme est devenue étrangère (1).

Si au contraire on suit l'opinion de M. Demangeat et de M. Dalloz, qui nous paraît la seule admissible, nous renvoyons simplement aux considérations que nous avons déjà présentées.

100. — Faisons enfin remarquer que la doctrine de M. Legentil n'a pas seulement l'incon-

(1) Outre toujours la considération de l'inconvénient des deux lois différentes dans le même ménage, inconvénient auquel échappe au moins M. Demangeat.

vénient de fournir un argument puissant à ses adversaires; mais qu'elle a le tort plus grave d'arriver à violer l'ordre public. Si la femme, non séparée de corps en effet, peut avoir un autre domicile que celui de son mari, elle pourra avoir une autre résidence! (1) et alors que deviendra la puissance maritale, une des bases de l'ordre social?

Qu'on nous permette à ce sujet de citer Chardon : « L'ordre public, dit-il, ne consiste pas seulement « dans les grands ressorts que font mouvoir les « dépositaires de l'autorité publique. Ces pouvoirs « qui n'agissent que dans l'intérieur des familles, « savoir celui du mari à l'égard de la femme, « celui des pères et mères sur leurs enfants, des « tuteurs et des curateurs sur les personnes et les « biens qui leur sont confiés, pour n'être que les « extrémités du corps social, n'en sont pas moins « des parties intégrantes et nécessaires. »

« La cohabitation des époux, dit Vazeille (2),

(1) V. en effet M. Mourlon, p. 194. Après avoir cité les paroles de M. Mouricault dans son rapport au Tribunat, il dit : « Ce passage met en relief la véritable pensée de la loi : la femme a son domicile chez son mari parce qu'elle est obligée d'habiter avec lui, parce qu'il ne lui est pas permis d'avoir une résidence particulière et indépendante. Cette communauté d'habitation a naturellement amené la communauté de domicile ; ainsi quant à la femme il n'y a aucune distinction à faire entre la résidence et le domicile. » Comp. les paroles de M. Legentil.

(2) N° 289.

« est de l'essence du mariage, c'est leur premier « devoir *dont tous les autres dépendent et dont* « *aucun motif ne peut les dispenser*. Le ma- « riage n'enchaînerait plus *dans la même des-* « *tinée* ceux qui se sont tout donné, le corps et « le cœur, s'ils vivaient séparés. La protection, « l'obéissance et l'assistance, qui doivent être de « *tous les moments*, ne peut pas s'accorder avec « une habitation séparée. »

Cet arrêt de Douai laisse donc notre doctrine entière; pour résoudre notre question spéciale il part d'un principe faux que nous croyons avoir réfuté, et il arrive sur une question subsidiaire, conséquence de la première, à un résultat inadmissible et contraire à l'ordre public.

101. — Il nous semble avoir ainsi écarté de la doctrine que nous présentons presque toutes les raisons qui la faisaient rejeter. Les arrêts ne nous sont pas contraires, ils nous sont plutôt favorables; les textes, les travaux préparatoires nous ont donné des réponses aux arguments spéciaux que l'on nous opposait; et la théorie de la nationalité nous a permis en quelque sorte d'unir nos raisonnements en éclairant notre opinion et d'expliquer rationnellement les dispositions de la loi en en montrant le véritable esprit.

102. — Nous sommes cependant bien loin

de croire que nous ayons traité complètement la question vaste et difficile que nous nous sommes proposée, un grand nombre d'arrêts qui paraissent loin de notre sujet pourraient encore nous fournir des raisonnements, ou présenter des objections; beaucoup d'arguments et de raisons pourraient se presser dans une discussion plus féconde (1) et des mains plus habiles auraient pu tout contenir en sachant tout abréger; que l'on nous tienne compte de nos efforts.

(1) V. Cass., 30 janv. 1854. S., 54, 1, 269. V. Arrêt de Paris, 15 décembre 53. V. S., 54, 2, 105, arrêt du 3 août 1849. V. 2, 420. V. à propos de ces arrêts Fœlix, Revue étrangère, t. x, p. 448. V. encore arrêt du 30 juillet 1855, S. 56, 2, 275. V. Demolombe, 1, nos 167, 171, 269. V. Demante, etc., etc.

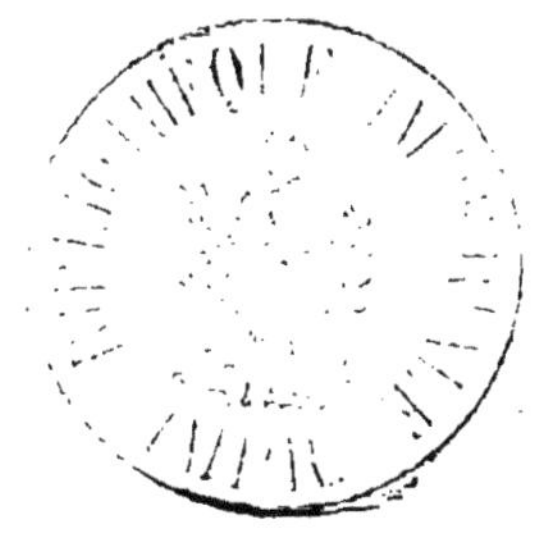

FIN.

TABLE DES MATIÈRES.

BIBLIOTHEQUE NATIONALE DE FRANCE
3 7511 00511987 3

www.ingramcontent.com/pod-product-compliance
Ingram Content Group UK Ltd.
Pitfield, Milton Keynes, MK11 3LW, UK
UKHW021039230726
13926UKWH00004B/1556